바이오 투자의 정석

개미투자자를 위한
바이오-제약산업 입문서

바이오 투자의 정석

박한슬 지음

생각의힘

차례

PART 3
신약개발사는 어떻게 돈을 버는가

PART 4
신약개발사는 얼마나 돈을 버는가

일러두기

1. 책에 포함된 외국어 명칭은 한국어 발음 표기 뒤에 가급적이면 외국어를 병기했다. 실제 원어 발음과 표기된 한글 명칭이 다를 수 있다.
2. 바이오-제약 분야에 관련된 상장 기업의 경우 상장된 거래소와 종목코드ticker를 기업 명칭 뒤에 병기했다. 비상장 기업 혹은 바이오-제약 분야 기업이 아닌 경우는 이를 병기하지 않았다.
3. 책에서 원화로 환산한 금액은 아래의 환율을 기준으로 계산했다.
   - 미국 달러: 1,118원
   - 유럽연합 유로: 1,353원
   - 영국 파운드: 1,525원
   - 스위스 프랑: 1,256원

여는 글

신라젠 사태를 피하는 방법

한때는 코스닥 시가총액 순위 2위, 꿈의 항암제 펙사벡Pexa-Vec 개발사로 기대를 모으던 신라젠KOSDAQ:215600은 글을 쓰고 있는 현재도 거래정지 상태이다. 2020년 5월 6일 한국거래소에서 거래정지 처분을 받은 후 1년 가까이 거래정지가 풀리지 않고 있는데, 2020년 7월 기준으로 신라젠 주식의 93.44%는 흔히 '개미'라고 불리는 개인투자자가 들고 있다. 그 수만 무려 16만 5,694명. 이들은 어쩌다 연일 길거리에서 시위에 나서는 비극을 맞이하게 된 것일까?

시작은 2019년 8월 2일, 신라젠이 진행하던 글로벌 임상 3상시험이 실패로 끝났다는 공시가 올라온 즈음이었다. 충격적인 소식에 주가는 바로 하한가까지 내려갔고, 곧이어 8월 4일 간담회에서 신라젠 대표이사 문은상은 "임상시험 조기 종료는 펙사벡의 문제가 아니"며 "지금도 펙사벡의 항암 능력에 대한 확고한 믿음을 갖고 있다"는 해명을 내놨다. 여기까지야 회사와의 신뢰 문제다. 그런데 조금 이상한 점이 있었다. 검찰 수사 결과, 문은상 대표를 포함한 임원진이 임상시험 결과 발표 이전에 본인들이 소유하고 있던 주식을 고가에 팔아 치웠다는 사실이 밝혀진 것이다. 문은상 대표는 구속됐고, 한국거래소는 신라젠에 대한 상장폐지 심사를 진행하겠다고 밝히며 신라젠 주식의 거래를 정지했다.

주요 임원들이 미공개 정보를 이용해 주식을 처분한 건 누구도 예상할 수 없었던 일이지만, 사실 임상 3상의 실패 가능성에 대해서는 이미 많은 우려가 있었다. 임상 3상이 실패했다는 결과를 아는 시점에서 과거를 분석하는 것은 사후 확증 편향이 개입될 수밖에 없음을 감안하더라도, 일반적인 사례에 비추어 볼 때 임상 2b상을 실패하고 임상 3상을 진행해 최종 성공할 가능성은 극히 낮았기 때문이다. 실제로 다수의 전문가는 언론 지면 등을 통해 신라젠의 임상 실패 가능성을 꾸준히 경고해 왔었다. 하지만 치솟는 주가에 가려져 그런 정보는 제대로 유통되지 못했고, 오히려 그 경고를 진지하게 받아들인 사람들이 오랫동안 바보 취급을

당했다. 어쨌건 눈을 조금만 돌렸다면, 경고 신호를 포착할 수 있었단 거다.

그렇다고 이를 돈에 눈이 먼 개인투자자의 잘못인 양 매도하는 것은 매우 부적절하다. 바이오 분야는 국내외를 막론하고 최근 몇 년간 굉장히 높은 성장성을 나타냈다. 게다가 코스닥 시가총액 2위 기업 아닌가? 특별한 전문지식 없이 개인 투자를 하는 평범한 사람들이 보기에는 충분히 신뢰할 만한 이유가 있었다. 임상 2b상이 뭔지, 1차 임상목표가 뭔지를 보통 사람이 알 턱이 없잖은가. 임상 2상에 한 번은 성공하고, 한 번은 실패했으니 임상 3상으로 다시 도전하겠다는 말은 일견 그럴듯해 보이기까지 했다. 실제로는 무척 위험하고, 성공 가능성이 거의 없는 얘기임에도 말이다. 바이오 관련 주식에 투자하는 이상 비슷한 방식의 기망은 또 반복될 가능성이 있고, 신라젠은 피했다고 하더라도 다음 주식에서도 피할 수 있다는 보장은 없다. 결국은 투자자들이 최소한의 실력이라도 갖춰야 그런 악마의 속삭임을 간파할 수 있다.

아쉽게도 현재 시장에는 이런 목적에 맞는 책은 찾아보기가 어렵다. 상장된 바이오 주식들을 망라한 편람 형태의 책이나 약학대학에서 사용되는 교과서 격의 책은 있으나, 개인투자자가 바이오 종목을 분석할 실력을 쌓기에는 그리 적합하지 않다. 이 책은 정확히 그런 목적으로 기획됐다. 개인투자자가 전문적인 바이오-제약 애널리스트 혹은 제약업 종사자 수준으로 이 분야를 알 필요는 없지만, 내 자산을 지킬 정도의 최소한의 지식은 갖출 수 있도록 하자는 것. 상한가와 하한가를 번갈아 맞는 바이오 주식의 높은 변동성 자체를 노리는 것도 한 가지 투자 방법이겠지만, 신라젠 사태에서 알 수 있듯이 펀더멘탈에 대한 큰 그림을 놓치면 차트에 대한 기술적 분석은 무용하다. '하따(하한가 따라잡기)'를 하더라도 일단 망하지는 않을 회사를 골라야 잘못되더라도 뒷목 잡는 수준의 손해로 끝낼 수 있다는 뜻이다.

바이오는 알맹이 없는 사기가 아니지만, IR 자료에서 말하는 장밋빛 미래만 펼쳐지지도 않는다. 개별 회사를 넘어 바이오-제약산업의 본질을 최대한 투자자 관점에서 전달하고자 구성한 이 책의 목차는 이렇다. 첫 번째 파트에서는 바이오-제약 산업이 왜 그리 높은 성장성을 보이는지, 왜 앞으로도 유망한 분야인지에 대한 개괄적인 내용을 다뤘다. 두 번째 파트에서는 현재 가장 이슈가 되고 있는 '바이오의약품'의 특징과 한계 그리고 미래에 대해 다뤘다. 세 번째 파트에서는 실제 의약품 개발 단계가 어떻게 되며, 그 과정에서 수익이 언제 창출될 수 있는지를 다뤘다. 마지막 네 번째 파트에서는 의약품이 승인을 받은 이후 과연 얼마나 수익을 낼 수 있는지를 직접적으로 다뤘다. 덧붙여 각 장의 끝에는 해당 장에서 다룬 내용에 관련된 대표적인 회사에 대한 개략적인 분석을 담아, 독자들이 이를 바탕으로 다른 주식에 적용할 수 있도록 실용성을 높이고자 했다. 다만 이는 분석을 돕기 위한 것일 뿐, 특정 주식에 대한 투자 권유가 아니니 꼭 유념하시길 바란다.

박한슬

PART 1

제약산업은 왜 돈이 되는가

최근 들어 바이오-제약 분야에 많은 자본이 모이고 있지만, 해당 분야에 큰돈을 투자한 이들도 쉽게 대답하지 못하는 질문이 있다. 의약품은 대체 왜 돈이 될까? 질문을 조금 더 구체적으로 바꿔 보자. 제약회사는 일반 제조업과는 무엇이 다르기에 투자 가치가 높으며, 의약품은 일반 소비재와 어떻게 다르다는 것일까. 여기에 대한 대답은 세 가지다. 규제, 특허 그리고 의료보험이다.

01

규제로 쌓아 올린 진입장벽

제약업이 다른 산업군과 구별되는 가장 큰 특징은 제약산업 전반이 상력한 국가 규제에 의해 통제된다는 점이다. 이런 이유로 제약산업을 '규제 산업'이라고 칭하는 경우가 많은데, 의약품 소비자에게는 바람직한 일이겠으나 제약업계에서 통용되는 규제들은 의약품 제조업을 새로 시작하려는 신규 시장 참여자에게는 매우 높은 진입장벽으로 작용한다. 원래도 공급자의 진입과 탈퇴가 자유로운 '완전 경쟁 시장'이라는 것은 현실에 존재하지 않지만, 제약업은 그 정도가 유독 심하다. 그런데 정확히 어떤 규제가 시장에 어떻게 영향을 미치는지는 투자자들에게도 제대로 알려지지 않은 것 같다. 규제가 생기게 된 고루한 역사적 연원은 제쳐 두고, 구체적인 쟁점 위주로 살펴보자.

첫 번째 진입장벽: 엄격한 의약품 생산 기준

많은 투자자들이 간과하는 사실이지만 제약업은 제조업의 일종이다. 제약산업 특유의 특허 제도가 워낙 강조되다 보니 생기는 오해 중 하나인데, 제약업의 본질은 엄연히 제조업이고 수익 창출을 위해서는 적절한 설비를 갖추고 실제로 의약품을 생산해 이를 판매해야 한다. 문제는 이 과정에서 요구되는 의약품 생산 조건이 무척이나 까다롭다는 점이다. 가상의 '알약' 하나를 생산하는 과정을 통해 어떤 조건들이 요구되는지를 간략하게 살펴보자.

첫 번째 단계는 의약품 생산을 위한 제조소를 만드는 과정이다. 일반적인 건물이 갖추어야 할 요건은 당연히 모두 충족해야 하고, 벌레나 쥐 같은 외부 오염원의 침입을 방지해야 한다는 건 충분히 추론할 수 있다. 그런데 실제로 현장에서 가장 골치를 썩이는 문제 중 하나는 공기다. 의약품 제조소에 공급되는 공기는 기본적으로 헤파HEPA 필터를 설치하여 미세한 입자의 혼입을 막아야 하며, 주기적으로 공기 중에 부유하는 미세 입자의 수를 체크해서 청정도 기준을 만족시켜야 한다.

이 최소한의 요건을 갖춘 다음에는 제조소의 공간마다 격벽을 설치하고, 격벽 사이의 기압 차를 일정하게 유지함으로써 다시금

오염원이 내부로 유입되지 않도록 관리하는 이중, 삼중 차단 조치를 시행한다. 여기에 더해 의약품 제조 조건에 영향을 미치는 온도와 습도도 늘 일정한 수준을 유지해야 하니, 대형 공기조화 설비와 이를 운영하는 인력이 필수적이다. 이것으로도 부족해 생산하는 의약품이 공기 배관을 통해 혼입되는 것을 막을 수 있도록 제조실마다 아예 별도의 공기조화 장치를 사용하도록 규정하는 경우도 있다. 이와 비슷한 수준의 조치가 의약품 제조소의 거의 모든 영역에서 요구되고, 이를 충족시키는 데 필요한 인력도 그만큼 늘어나게 된다. 오죽하면 의약품 제조소 내에서 작업복을 착용하는 순서(상의부터 착용)까지 규정하고 있을까. 이런 설비와 인력을 갖추려면 당연히 엄청난 돈과 시간이 든다.

두 번째 단계는 그런 설비와 인력을 항시 유지하는 상태에서 실제로 의약품을 생산하는 과정이다. 우리가 일상에서 접하는 형태의 약(이를 완제의약품이라고 한다)을 생산하려면 원료의약품과 첨가물을 '반죽'해서 균일한 혼합물 형태로 만들고, 이를 가공해 딱딱한 알약의 형태로 만든 다음 최종적으로 포장 용기에 담아야 한다. 차례대로 살펴보자. 최근 대부분의 제약회사는 약효를 내는 주성분인 원료의약품Active Pharmaceutical Ingredient, API을 직접 생산하기보다는 외부 업체에서 대량생산된 원료의약품을 구매해서 사용하는 경우가 많다.* 이렇게 구매한 원료의약품은 순도와

불순물 함유 여부를 매번 물량이 입고될 때마다 검증해야 하는데, 이 과정에서 별다른 문제가 없으면 알약의 형태로 가공되는 일련의 처리를 거친다. 그리고 다시 알약에 목적한 양 만큼의 원료의약품이 포함되어 있는지, 생산된 알약 간에 편차는 없는지를 검증하고 적절한 포장을 거쳐 완제의약품의 형태로 마무리한다. 그런데 여기서 끝이 아니다. 포장이 끝난 완제의약품이 변질되지 않는지를 파악하기 위해 완성된 약을 몇 달 동안 혹독한 조건(고온, 다습)에서 보관한 다음, 변질로 인해 생성된 물질과 남아 있는 약효 성분의 양을 검증해서 기준을 통과해야지 비로소 시장에 내놓을 수 있다.

우리가 일상적으로 접하는 알약 한 알을 만드는 데도 이 정도의 설비와 인력이 필수적으로 갖춰져야 한다. 그런데 더 큰 문제는 흔히 알약이라 불리는 정제tablet나 캡슐제capsule 생산은 비교적 규제가 덜 한 영역이라는 것이다. 혈관을 통해 직접 주입되는 주사제는 결벽증에 가까운 수준으로 공정관리가 이루어져야 해

• 2018년경 고혈압약인 발사르탄 성분의 약에서 NDMA라는 발암 물질이 검출되어 제약사 수십 곳에서 자사 제품을 전량 회수하는 큰 소동이 있었다. 이 제약사들은 모두 동일한 중국 제약회사에서 발사르탄의 원료의약품을 공급받고 있었는데, 해당 업체에서 생산한 원료의약품에 NDMA가 포함되어 있었으니 이를 받아 쓴 업체의 제품에서도 NDMA가 검출된 것이다. 2020년에는 당뇨병약인 메트포르민에서도 NDMA가 검출되어 해당 원료의약품을 공급받은 제약사들이 큰 피해를 입었다.

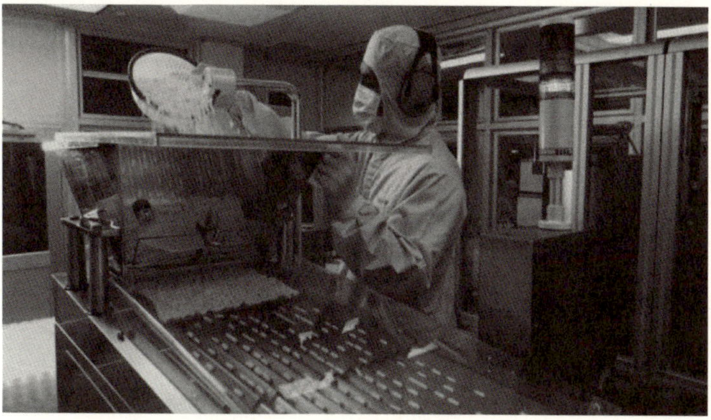

그림 1-1 의약품 제조소에서 일하는 작업자
우리가 흔히 접하는 알약을 생산하는 과정에서도 철저한 공정관리가 요구된다.

서, 아예 밀폐된 용기에서 로봇이 전 과정을 무균적으로 처리하는 형태의 기술도 개발됐다. 여기서 더 나아가 바이오의약품은 전통적인 의약품 생산과는 거의 접점이 없는 새로운 형태의 공정과 공정관리를 요구한다. 이처럼 생산 단계에서부터 발생하는 막대한 진입장벽은 과잉 경쟁으로 인해 의약품의 가격이 지나치게 하락하는 것을 차단하는 데 매우 효과적으로 작용한다.

물론 모든 제약회사가 생산 설비를 갖추지는 않는다. 일부 제약사는 연구개발만 진행하고, 실제 생산은 외부 제약회사에 위탁하는 경우도 있다. 그렇지만 이때도 위탁생산 수수료라는 형태로 간접적인 비용이 지출되고 있어 진입장벽을 완전히 우회한다고 보긴 힘들다. 소비자의 안전을 위해 도입된 수많은 생산 관련 규제는 신규 제약사가 시장에 진입하는 데 높은 장벽으로 작용해 신규 공급자의 시장 진입을 효과적으로 막는다.

두 번째 진입장벽: 까다로운 의약품 허가

신약 허가 절차의 까다로움은 제약산업에 그리 관심이 높지 않은 사람들에게도 비교적 널리 알려져 있다. 그런데 제약산업의 다른 한 축인 제네릭의약품generic drug의 허가 과정은 그 중요성에 비해 제대로 주목을 받지 못하고 있다. 제네릭의약품이란 특허가 만료된 신약과 동일한 성분 조성을 갖는 일종의 '복제약'이다. 특허 만료로 신약의 독점적 판매권이 끝나는 순간 동일한 성분의 제네릭의약품이 쏟아지고, 이로 인해 약가는 특허 만료 시점으로부터 24개월 이내에 신약 가격 대비 약 57% 수준으로 낮아지게 된다.• 바꿔 말하면 신약을 개발한 제약사는 특허 기간 동

• 2003년 4월부터 2010년 12월까지의 미국의 약가 자료를 바탕으로 약가와 제네릭의약품 진입 수를 비교한 연구(Olson & Wendling, 2018)에서 첫 제네릭 출시로부터 6개월 이내에는 약가가 38% 하락했으며, 6개월부터 24개월 이내에는 57% 하락했는데 이런 변화의 주된 요인은 제네릭의약품 생산업체 수이다. 제네릭의약품의 수는 특허 만료로부터 6개월까지는 평균 2.8개이다가, 24개월 이내에는 4.7개로 늘어났다.

안 최소 40% 이상의 초과이익을 거두고 있다는 말인데, 제네릭 의약품이 등장하는 순간 그만큼의 수익이 사라지게 되는 것이다. 이처럼 제네릭의약품은 제약사의 수익과 직결되는 약가에 지대한 영향을 미치므로 제네릭의약품의 허가와 관련된 규제는 제약사의 수익과도 밀접한 관계가 있다고 할 수 있다. 신약 허가 절차에 대해서는 뒤에서 자세히 다루므로 먼저 제네릭의약품의 허가 절차가 어떻게 되는지만 간략히 살펴보도록 하자.

본격적인 허가 절차를 설명하기에 앞서 꼭 짚고 넘어가야 하는 것은 제네릭의약품도 별도의 허가를 받아야만 하는 이유이다. 규제기관이 의약품에 요구하는 건 딱 두 가지다. 약이 실제로 목적하는 치료 효과를 낼 수 있다는 유효성efficacy과 약을 복용함으로써 환자에게 위험한 부작용이 나타나지 않는다는 안전성safety이다. 모든 신약은 두 지표에서 규제기관이 제시한 나름의 기준을 충족해서 허가를 받았다. 그런데 왜 신약과 동일한 성분으로 만든 제네릭의약품이 다시 별도의 허가 절차를 거쳐야만 할까? 제네릭의약품의 허가 절차가 특별한 이유가 여기에 있다. 제네릭의약품은 신약처럼 안전성과 유효성을 입증하기 위한 절차를 밟는 것이 아니다. 규제기관은 제네릭의약품 개발사에 제네릭의약품이 특허가 만료된 신약과 얼마나 유사한지를 증명하라고 요구한다. 이를 개념화한 것이 생물학적 동등성bioequivalence이라는 지표이다.

앞서 의약품 생산 과정을 설명하면서는 편의상 일련의 처리라고 넘어갔지만, 원료의약품을 '알약' 형태로 만드는 데도 상당한 노력이 필요하다. 별도의 연구팀이 달라붙어 적합한 수분 함량과 부재료 혼합 비율, 혼합 속도, 알약으로 찍어 내는 기계의 압력 등을 계산해서 수십 차례의 조정을 거쳐야 한다. 실제로 약효를 내는 원료의약품은 같을지라도 제형dosage form에 따라 인체에 흡수되는 속도와 양이 달라질 수 있고, 이는 실제로 약효와 독성에도 영향을 미친다.

그런데 문제는 신약을 개발한 제약사가 이런 구체적인 생산 과정을 공개할 의무가 없다는 점이다. 후발주자인 제네릭 개발사들은 시판되는 신약을 구해서 역설계reverse engineering하거나 자체적으로 제형 개발을 통해 이 과정을 따라잡아야 하고, 이렇게 개발한 제네릭의약품이 인체에 투여되었을 때 기존 신약과 동일한 생체이용률bioavailability을 나타내야 비로소 제네릭의약품으로 허가를 받을 수 있다. 이를 확인하는 것이 생물학적 동등성 시험(이하 생동성 시험)인데, 2019년 식약처에서 발표한 규제영향평가 결과보고서에 따르면 국내에서 생동성 시험 1건에 소요되는 비용은 건당 약 2억 2,000만 원으로 추산된다. 그 정도 금액을 투자한다고 하더라도 모든 생동성 시험이 성공하는 것은 아니니 실패 확률•까지 고려하면 상당히 높은 진입장벽이라고 할 수 있다.

어떻게든 생동성 시험에 성공하면 큰 산은 하나 넘은 셈이지만, 그 이후의 과정도 그리 녹록지 않다. 제네릭의약품이라고 해서 안전성 검증을 아예 받지 않는 것은 아니기 때문이다. 앞서 의약품 생산을 설명한 부분에서 언급한 품질관리 기준은 모두 문서화하여 의약품 허가 시에 제출해야 하고, 몇 년에 한 번씩은 규제기관에서 직접 생산 현장에 나와 진행하는 실사를 거쳐야 한다. 그래서 제약사에는 이런 인허가와 규제 관련 업무만을 담당하는 특수 직군인 RA(Regulatory Affairs) 부서가 꼭 필요하고, 이들 인력을 운용할 정도로 규모를 갖추지 않으면 의약품 허가는커녕 생산 시설에 대한 인가도 불가능하다. 이처럼 복잡한 규정 자체가 높은 진입장벽으로 작동하므로 어설픈 신규 공급자의 시장 진입은 효과적으로 차단된다.

• 생동성 시험의 성공 확률에 대한 공식적인 데이터는 없지만, 업계에서는 적어도 30% 이상의 생동성 시험이 실패하는 것으로 추정하고 있다. 실패 시에는 생동성 시험에 투자한 비용이 모두 손실되므로 제약사에는 큰 부담이 되는데, 이 때문에 2000년대 중반에는 황당한 사건이 벌어졌었다. 생동성 시험에 실패한 제약회사들이 약학대학 교수를 매수하여 생동성 시험 데이터를 조작했던 것이 적발된 것. 관련 제품은 모두 허가가 취소되었다.

세 번째 진입장벽: 극도로 제한된 마케팅

앞서 소개한 두 가지 진입장벽은 정도의 차이는 있지만 다른 제조업에서도 관찰되는 현상이다. 따라서 제약업만의 고유한 진입장벽이라고 얘기할 수는 없다. 그러나 세 번째 진입장벽인 극도로 제한된 마케팅은 의약품 제조업에서만 관찰되고 실질적으로 가장 강력한 진입장벽으로 작동한다. 의약품 시장은 도대체 무엇이 다르길래 마케팅 방식이 극단적으로 제한될까?

일반적인 소비재는 소비자가 선택권을 갖고, 이를 통해 효용을 얻으며, 그에 따른 비용을 지불한다. 그런데 의약품의 경우는 조금 다르다. 효용을 얻는 사람도 환자이고 그에 따른 비용을 지불하는 사람도 환자인 건 같지만, 의약품 선택권을 갖는 사람은 제3자인 의사이다. 의학 전문 지식이 필요한 분야라 어쩔 수 없는 현상이긴 하지만 이와 같은 선택-지불 주체의 분리로 인해 제약사의 마케팅 방식은 극도로 제한될 수밖에 없다.

전통적으로 마케팅의 네 가지 요소로 꼽히는 것은 제품, 가격, 유통, 판촉이다. 의약품의 특성상 유통 방식에 따른 접근성 차이는 별다른 의미가 없다. 게다가 의약품 선택권을 가지지만, 지불은 본인이 하지 않는 환경에서는 가격 역시 의사에게는 별다른 유인이 되지 못한다. 환자의 지불 여력을 넘어서는 의약품이 처

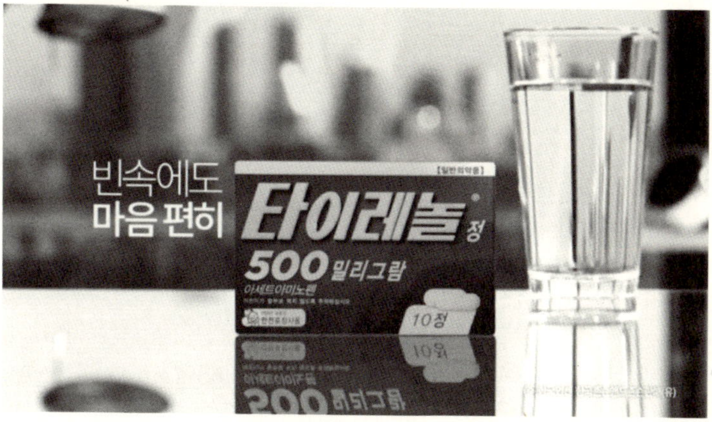

그림 1-2 의약품 TV 광고의 한 장면
전문의약품의 경우 광고가 허용되지 않지만, 일반의약품 광고는 허용되고 있다.

방되는 것은 불가능한 일이겠지만, 지불 한도 내에서는 의사의 선택권이 절대적이기 때문이다. 결과적으로 남은 것은 제품 차별화와 판촉뿐인데, 이 두 가지도 강력한 규제에 묶여 있는 게 문제다.

먼저 판촉 부분을 살펴보자. 가장 좋은 판촉 수단은 광고지만, 안타깝게도 미국을 제외한 대부분의 나라에서는 전문의약품 광고를 허용하지 않는다. 이유는 명확하다. 전문의약품 광고는 의학적 소견에 따라 환자의 상태에 가장 적합한 의약품이 처방되는 것을 방해하기 때문이다. 극단적인 가정이겠지만, 암 환자가 의사가 처방한 항암제를 거부하고 호감형 연예인이 광고하는 항암제를 요구하는 상황은 막아야 한다는 것이다.

광고가 불가능하다면 다른 선택지도 있다. 판촉을 위해 구매자에게 지불 금액의 일부를 현금이나 포인트 혹은 상품의 형태로 되돌려 주는 것이다. 다만, 의약품의 경우는 구매자인 환자가 아니라 선택권자인 의사에게 의약품 판매 대금의 일부를 제공하는 형태가 될 텐데, 이것이 바로 우리나라를 포함한 주요 국가에서 처벌 대상이 되는 의사에 대한 리베이트rebate이다. 따라서 제약사가 할 수 있는 거의 유일한 판촉 전략은 분기마다 혹은 연례행사로 열리는 각종 의약학 학회에 대한 간접적인 지원이 전부다. 하지만 이런 학회의 메인스폰서가 될 수 있는 기업은 인맥과 자금력을 갖춘 대형 제약사들뿐이고, 신규 시장진입자는 영업사원의 인간적인 매력에 기대는 불안정한 판촉 외에는 뾰족한 대안이 없다. 불법적인 리베이트를 제공하다가 적발되는 사례가 꾸준히 나오는 이유기도 하다.

다음으로 제품 차별화 가능성을 살펴보자. 우선 제네릭의약품은 개념 정의상 제품 차별화를 한다는 것 자체가 불가능하다. 오리지널 의약품과 동등성을 입증해야만 허가되는 의약품을 '차별화'한다는 것은 모순적이다. 물론 일부 '브랜딩'의 차이는 가능할 수도 있으나, 우리나라를 제외한 대다수 나라에서는 의약품 성분명 제도•가 시행되고 있어 그마저도 썩 여의치 않다. 현실적으로 제품 차별화가 가능한 것은 오로지 신약뿐이고, 이 경우에도 같은 질병에 대한 치료제로서 다른 약과 경쟁할 때 자사 의약품의 특장점을 강조하는 형태로만 마케팅이 이루어지게 된다.

한편 의약품 마케팅에 사용되는 모든 데이터는 사람을 대상으로 하는 임상시험 혹은 그에 준하는 수준의 대규모 연구를 바탕으로 생산되어야 한다. 일차적으로는 규제기관에서 의약품의 효능에 관련된 주장에 무척 민감하게 대응하기 때문이지만, 그런 규제가 없더라도 의약학 전문가들을 설득할 수 있는 것은 막대한 연구비가 투입된 수준 높은 연구에서 얻어진 데이터뿐이기 때문이다. 이런 이유로, 의약품 마케팅은 실질적으로 '연구'에 더 가깝다. 마케팅 자료를 만드는 과정에서 수준 높은 연구들이 요구되니 전문의와 박사급 연구원 들의 존재가 필수적이고, 그렇게 생산된 자료는 학회에서 저명한 교수의 논문 발표를 통해 공표된다.

규제기관이 원하는 수준의 생산 설비를 갖추기도 까다롭고, 신약이 아닌 제네릭의약품조차도 허가를 받는 과정이 매우 험난하다. 또 제3자가 제품 선택권을 가져 발생하는 마케팅 방식의 극단적인 제한은 웬만한 규모를 갖춘 제약사가 아니면 뛰어넘기가

- 현재 우리나라에서는 같은 성분의 의약품이라도 다른 제품명을 사용할 수 있다. 가령 짜파게티, 짜짜로니, 진짜장 등의 명칭을 사용할 수 있다는 것이다. 그런데 해외 다수의 국가는 의약품 성분명 제도를 운영하고 있다. 각자의 제품명을 사용하는 것이 아니라 '짜장라면'이라는 성분명을 동일하게 하되 제조사 명칭만 추가하는 형태로 의약품 명칭을 정하는 것이다. 따라서 농심짜장라면, 삼양짜장라면, 오뚜기짜장라면의 형태로 제품명이 정해진다.

힘든 최악의 진입장벽이다. 시장에 새로 허가된 신약이 출시되어도 기존 약이 모두 대체되지 않는 이유가 이 때문이고, 자금력을 갖추지 못한 신생 제약사가 가까스로 신약을 허가받는 데 성공하더라도 기대치를 한참 밑도는 실적을 내는 이유가 바로 여기에 있다. 장기간 누적된 연구 결과 자체가 강력한 마케팅 수단이기 때문이다. 신규 진입자에게는 가혹하더라도 진입장벽을 넘어선 제약사들에게는 최소한의 수익을 보장해 주는 안락한 울타리. 이것이 규제로 쌓아 올린 의약품 시장의 본질이다.

사례노트

로슈, 길리어드 그리고 타미플루®

2020년 초에 시작된 신종 코로나바이러스 감염증(이하 코로나19) 대유행으로 인해 세계적으로 가장 주목을 받았던 제약사 중 하나는 미국에 본사를 둔 길리어드Gilead Science, NASDAQ:GILD이다. 백신은커녕 표준치료법도 제대로 나오지 않은 상황에서 길리어드 사가 렘데시비르Remdesivir를 유력한 코로나19 치료제 후보물질로 들고나오자 시장은 흥분했고, 2020년 1월 첫 주에 65.12달러이던 주가는 4개월만인 4월 30일에 84.00달러로 마감하는 엄청난 상승 랠리를 이어갔다. 국내 바이오 주식에 익숙한 독자들은 조금 의아할 수도 있으나, 길리어드의 시가총액은 약 110조 원이다. 국내 상장사와 비교하면 SK하이닉스와 네이버를 합친 것과 비슷한 초대형 기업의 주가가 4개월 만에 29% 상승한 것이다.

다만 렘데시비르의 효과가 기대 이하라는 임상시험 결과가 공개되자 주가는 점진적으로 하락하여 2020년 9월에는 연초 수준으로 되돌아

갔는데, 이 과정에서 눈여겨볼 점은 길리어드가 임상시험이 완료되기 전에 렘데시비르를 증산하기 시작했다는 점이다. 경영진이 의사결정의 이유를 명확히 공개하지 않아 정확한 진단은 어렵지만, 이와 같은 경영 판단을 이해하는 데는 길리어드의 역사적 연원을 짚어 보는 것이 도움이 될 것이다.

어느 기업이든 시작은 초라하다. 현재는 시총 110조짜리 길리어드도 1990년대 초반에는 유망한 바이오벤처에 가까운 기업이었다. 그런데 길리어드는 1996년 '오셀타미비르Oseltamivir'라는 약물 후보물질을 개발하는 데 성공한다. 오셀타미비르가 치료 목표로 삼은 대상은 인플루엔자로, 미국 식품의약국Food and Drug Administration, FDA 승인을 거쳐 전 세계에 판매될 예정이었다. 다만 앞에서 살펴봤듯이 인허가 과정을 신생 제약사에서 오롯이 감당한다는 건 불가능한 일이다. 그래서 길리어드는 세계 5위 안에 드는 글로벌 제약사 로슈Roche와 손을 잡고 공동 개발을 시작한다. 로슈에게서 허가와 마케팅, 글로벌 판매망을 빌리고 길리어드는 판매에 따른 일정 부분의 로열티를 받는 계약을 체결했다. 그렇게 탄생한 약이 타미플루Tamiflu®다.

초기에는 계절성 인플루엔자 환자를 대상으로 처방되는 평범한 약이었지만, 2009년 신종플루Swine flu 대유행을 겪으면서 그 위상이 달라졌다. 그런데 평소 판매되는 수준으로만 생산하다 보니 대규모 유행 사태에서 공급량이 부족해지는 문제가 나타났다. 로슈에서는 부랴부랴

증산에 나섰지만, 기존에 연간 100만 명 분량이었던 생산량을 400만 명 분량으로 늘리는 데는 꼬박 1년이 가까운 시간이 걸렸다. 급기야 신종플루가 한창이던 2009년에는 세계적인 공급 부족 사태가 발생하고 말았다. 약이 없어 목숨을 잃은 시민들에게도 비극적인 일이었지만, 큰 기회를 잡은 회사에도 마찬가지였다.

로슈의 2009년 연차보고서에 따르면 신종플루 대유행 기간에 타미플루의 판매는 전년 대비 435% 증가했다. 매출액으로 잡으면 2008년보다 26억 프랑(약 3조 3,000억 원)만큼이 늘어난 것이다. 총액으로는 무려 32억 프랑(약 4조 원)의 매출을 올렸는데, 세계적인 대유행을 고려하여 개발도상국에는 저가에 약을 공급하다 보니 이 정도지 공급량이 충분했다면 더 높은 약가를 받을 수 있는 선진국에 판매하는 양도 늘어나 매출 증가가 더 두드러졌을 테다. 단기간에 수요가 폭증하는 감염병 대유행이 지나면 타미플루®의 매출도 평년 수준으로 떨어진다. 회사 입장에서는 큰 기회를 놓친 셈이다.

그런데 만약 길리어드가 로슈와 협업하지 않고 약을 독자개발 했다면 어땠을까. FDA에서 승인을 받는 데도 더 오랜 시간이 걸렸을 테고, 1년 만에 연간 400만 명 분량으로 생산량을 늘리긴커녕 연간 100만 명 분량의 생산량을 맞추는 것도 불가능했을 것이다. 똑같은 제약사가 개발한 똑같은 약물임에도 로슈와의 적절한 파트너십 결정이 없었다면 매출 규모에서 매우 큰 차이가 났을 거란 얘기다.

길리어드는 이런 역사적 경험을 통해 성장한 회사라 어느 제약사보다도 기민하게 감염병 대유행에 대응했고, 렘데시비르에 대한 초기 임상시험 결과를 받자마자 대규모 증산에 들어갔다. 2020년에 길리어드가 렘데시비르 판매를 통해 올린 매출은 무려 28억 달러(약 3조 1,000억 원). 효능 논란에도 불구하고 증산 결정이 없었더라면 불가능했을 일이다. 이런 사례에서 드러나듯, 제약사 역시 '제조업'의 일종이며, 높은 진입장벽 때문에 생산량 변동도 제한된다는 점을 잊지 말아야 한다.

02

특허권으로 싸우는 살벌한 전장

제약업은 특허 제도의 영향을 매우 강하게 받는 산업 중 하나다. 물론 다른 기술 산업이라고 특허 제도의 영향을 적게 받는 것은 아니다. 그렇지만 약효를 내는 분자구조 자체에 특허가 걸려 특허 만료 전에는 해당 물질의 사용이 원천적으로 차단되는 것은 제약업만의 독특한 현상이다. 특허법과 의약품 특허 제도의 연원을 살펴보는 것도 유익한 일이겠지만, 해당 내용을 훨씬 전문적으로 다루고 있는 다른 훌륭한 도서•가 많으므로 여기서는 현행 의약품 특허 제도가 어떤 방식으로 구성되는지 이해하고, 특허

• 이미현 변리사가 쓴 《바이오헬스 특허실무》(2020)와 같은 책이 좋은 예시다. 비단 의약품뿐만이 아니라 바이오헬스 분야 전반에 걸쳐 특허 관련 실무를 꼼꼼하게 다루는 책이니 관련 부문 종사자라면 읽어 보기를 권한다.

제도를 둘러싼 제약회사들의 특허 전략과 제약사의 수익구조에 집중하자.

의약품 독점판매 기간과 의약품 특허

본격적인 특허 이야기에 앞서 꼭 짚고 넘어가야 하는 부분은 의약품의 '독점판매 기간'과 '특허권 존속 기간'이 일치하지 않는다는 점이다. 일반적으로 특허권의 존속 기간은 특허권 설정등록일로부터 20년이다. 의약품도 예외는 아니다. 다만 한 가지 특수한 상황이 덧붙는다. 일반적인 발명은 특허 설정 시점과 큰 시차를 두지 않고 제품을 생산·판매하여 수익을 올리거나 특허 행사권을 판매해 수익을 내는 것이 가능한데, 의약품은 그렇지 않다. 앞선 장에서도 살펴봤지만, 의약품은 안전성과 유효성이라는 두 기준을 충족해야만 시판 허가를 받을 수 있다. 그 과정이 얼마나 고통스러운지는 Part 3에서 더 구체적으로 살펴볼 예정인데, 신약이 허가되기까지 걸리는 시간은 평균적으로 10~15년 정도이다. 여기서 문제가 시작된다.

명목상 특허권 보호 기간은 20년이므로 제약회사가 의약품을 독점적으로 판매할 수 있는 기간도 20년이 되는 것이 맞겠지만,

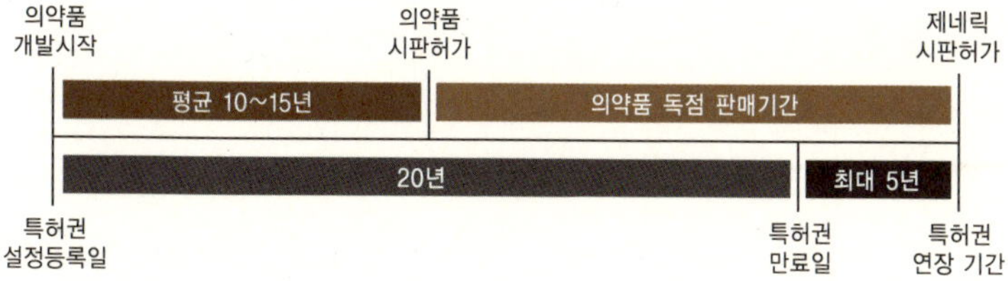

그림 2-1 특허권 보호 기간

의약품 개발에 드는 시간과 개발을 완료한 의약품을 허가받는 데는 긴 시간이 필요하다. 이를 해결하는 방법은 두 가지다. 시작점인 특허권 설정을 늦게 하거나, 중간 지점인 의약품 시판 허가까지 걸리는 시간을 줄이는 것이다. 그렇지만 두 가지 다 현실성은 낮다. 특허권 설정을 늦게 했다가 개발 과정에서 정보가 새게 되면 죽 쒀서 개 주는 꼴이 되고, 의약품에 대한 기준이 점점 높아지는 세계적 추세를 볼 때 의약품 허가 기간•이 줄어들기는 어렵다.

제약사는 이 문제를 해결하기 위해 논리를 개발했다. 규제기관에서 요구하는 임상시험을 진행하는 데 걸리는 시간, 허가 절차를 밟는 데 든 시간은 제약회사가 부당하게 감당해야 하는 손실이니 국가 차원에서 특허 기간을 벌충해 주는 것이 적절하다는 것이다. 몇 년의 줄다리기 끝에 제약업계의 요구는 관철됐고, 허가 과정에 소요된 시간을 고려하여 특허권 만료 시기를 최대 5년

• 미국 식품의약국인 FDA의 경우 신약 허가 심사에만 꼬박 365일 정도가 걸리고, 유럽 의약품청인 EMA는 신약 허가 심사에 대략 277일 정도가 걸린다.

한도로 딱 한 번 연장해 주는 제도가 도입됐다. 이 제도에 따른 독점판매 기간 연장을 고려하더라도 신약이 개발된 이후 독점적으로 판매할 수 있는 기간은 약 7년에서 15년 사이다.• 신약의 약값이 지나치게 비싸다는 시민사회의 비난에도 불구하고 글로벌 제약사가 신약에 대해 높은 약가를 유지하는 이유가 이 때문이기도 하다.

이제 본격적으로 특허 얘기를 해 보자. 보통은 뭉뚱그려 '의약품 특허'라고 칭하지만, 실제로 의약품에 관련된 특허는 생각보다 종류가 더 많다. 의약품 관련 특허 중 가장 핵심적인 특허로 꼽히는 것이 물질특허와 용도특허 그리고 조성물특허인데, 우리가 흔히 마시는 카페라테를 의약품이라고 생각하고 이들 특허에 대입해 보면 대략 이렇다. 첫 번째는 가장 핵심적인 특허라고 할 수 있는 물질특허다. 물질특허란 "화학적 및 생물학적 방법에 의하여 제조된 유용성을 가진 신규한 물질 그 자체에 부여되는 특허"로 물질특허가 살아 있다면 해당 물질(API)을 어떤 용도로 사용하건 특허권자의 허가를 받아야만 한다. 즉, 카페라테의 경우는 '커

• 한국은 최장 5년이지만 미국에서는 두 가지 다른 조항에 따라 특허 연장이 가능하므로, 최대 5년보다 길어질 수도 있다. 미국 특허법상 Patent term adjustmen 조항은 특허 출원에 걸린 기간을 복원해 주고, Patent term extension 조항은 의약품 임상시험과 허가 기간을 감안해서 특허권 연장 기간을 결정해 주기 때문이다.

피 원액'에 대한 원천적인 특허가 물질특허라고 할 수 있다. 꼭 카페라테를 만드는 것이 아니더라도 커피 원액을 사용해서 무언가를 하려면 특허권자의 허가가 있어야 한다는 뜻이다.

두 번째는 용도특허로 이 커피 원액을 이용해서 '무엇을 하는지'에 대한 특허라 이해하면 된다. 커피 원액을 '잠을 깨우는 데 사용'하는 방법 그 자체에 대한 특허이다. 만약 커피 원액에 대한 물질특허가 만료된다면 커피 원액으로 물감을 만들건, 향수를 만들건 다른 용도로는 얼마든지 이용할 수 있다. 하지만 용도특허가 살아 있다면 '잠을 깨우기 위한 음료'를 만드는 용도로는 절대로 사용할 수 없다는 뜻이다.

세 번째는 조성물특허로 최종적인 결과물인 카페라테에 들어가는 다른 부가적인 성분의 배합 비율에 대한 특허이다. 커피 원액 A%에 설탕시럽 B%, 우유 C%라는 비율의 카페라테에 대한 조성물특허가 살아 있다면 이와 같은 비율의 라테는 법적으로 누구도 만들 수가 없다. 물론 다른 비율의 라테는 만들 수 있는데, 1장에서 살펴봤듯이 제네릭의약품은 오리지널 의약품과 생물학적으로 동등함을 입증해야만 허가가 된다. 원료의약품에 대한 물질특허와 용도특허가 풀렸다고 하더라도, 조성물특허를 침해하지 않으면서 제네릭의약품을 만든다는 것은 그리 녹록한 일이 아니다.

이를 실제 사례에 대입해서 살펴보자. 세계 최초의 발기부전 치료제 비아그라Viagra®를 개발한 화이자Pfizer, NYSE:PFE는 비아그라의 원료의약품인 실데나필Sildenafil과 관련된 특허를 미국에서만 수백 개나 가지고 있다. 이 특허 모두가 동일한 가치를 지닌 것은 아니고, 그중에서 가장 핵심적인 특허는 1992년에 출원된 실데나필에 대한 물질특허(US5250534A)다. 널리 알려졌다시피 비아그라는 원래 심혈관질환의 일종인 협심증의 치료제로 개발되던 약이다. 해당 질환에 사용하기 위해 임상시험을 진행하던 중 남성 참여자들에게서 발기라는 뜻밖의 부작용이 관찰되어 발기부전 치료제라는 용도특허(US6469012B1)가 추가된 것인데, 이 과정에서 두 특허에 시차가 발생했다. 실데나필에 대한 물질특허는 1992년으로부터 20년 뒤인 2012년에 만료가 되는데, 뒤늦게 추가된 용도특허는 2019년에야 만료되게 된 것이다.

화이자로서는 용도특허 덕분에 독점판매 기간이 7년 늘어난 셈인데, 이 틈을 노리고 이스라엘의 초대형 제네릭 전문 제약사 테바Teva Pharmaceuticals가 도전장을 던졌다. 물질특허는 이미 만료되었으니 실데나필을 원료의약품으로 하는 제네릭의약품을 개발하겠다는 것이다. 화이자는 이에 대해 소송으로 대응했고, 결국 용도특허에 대한 특허권을 인정받아 테바에게 승소하기에 이른다. 물질특허가 만료되더라도, 용도특허가 살아 있으면 제네릭

허가를 충분히 막을 수 있는 것이다. 테바와 화이자의 분쟁 사례는 제네릭 개발사와 오리지널 제약사가 신약의 특허권 연장을 두고 다투는 방식의 한 가지 예일 뿐이다. 이제 그 살벌한 전장에서 사용되는 전략들을 구체적으로 살펴보자.

신약개발사의 특허권 방어: 에버그리닝 전략

오리지널 약을 개발한 제약사의 특허 연장 전략을 '에버그리닝Evergreening'• 전략이라고 부른다. 그중 가장 대표적인 것이 화이자의 비아그라 사례와 같은 '선 연장line extension 전략'이다. 물론 비아그라는 의도치 않은 행운 덕분에 특허가 자연적으로 분리되게 된 사례다. 물질특허를 신청할 시에는 물질의 용도도 같이 등재하기 때문에, 이와는 다른 용도가 새로이 밝혀지는 경우에만 별도의 용도특허를 제출하기 때문이다. 그 덕분에 화이자는 물질특허 만료 이후에도 발기부전 치료제라는 용도특허로 비아그라의 특허 기간 연장 효과를 볼 수 있었다. 이런 식으로 사용할 수 있는 특허에는 용도특허만 존재하는 것이 아니다. 용도 특허와

• 겨울에도 잎이 지지않는 상록수evergreen처럼 특허권을 계속 생생하게 유지한다는 의미이다.

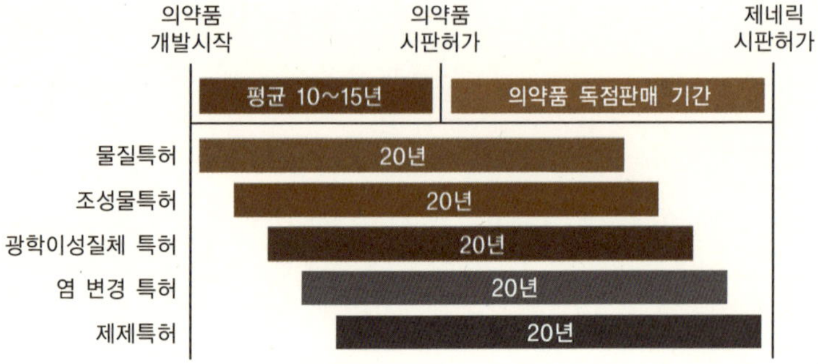

그림 2-2 에버그리닝 전략과 독점판매 기간

같이 이례적인 경우 외에도 최소 4가지 이상의 특허가 특허 선 연장 전략에 사용되고 있다.

이들 특허가 순차적으로 등록되면서 각자 20년간의 특허 기간이 누적되게 되고, 최초의 물질특허가 만료되더라도 뒤이어 등록된 특허가 제네릭 시판 허가를 막아 주기 때문에 의약품의 독점판매 기간은 계속 늘어난다. 물론 이와 같은 특허 전략은 꼭 특허 만료 기한을 연장시키기 위해서만은 아니다. 의약품 개발 단계에 따라 어떤 조성물 배합이 최적인지, 원료의약품의 광학이성질체•

• 동일한 분자식을 갖는 화학물질이라도 물질의 특성이 달라지는 경우가 생긴다. 이를 이성질체isomer라고 하는데, 그중에서 유독 문제가 되는 것은 광학이성질체이다. 오른손과 왼손은 크기와 형태가 같지만 거울에 맞댄 것처럼 대칭구조를 가지는 다른 물질인 것처럼 원료의약품도 거울상 이성질체(광학이성질체)가 존재하는 경우가 있다. 왼손에 맞는 장갑을 오른손에 끼우면 맞지 않는 것처럼, 같은 성분의 원료의약품이라도 다른 광학이성질체는 몸에서 효과를 내지 못하는 경우가 있어 이 역시 특허의 대상이 된다.

중 어떤 것이 더 약효를 내기에 적합한지, 원료의약품을 안정적인 상태로 유지하는 물질인 염을 어떤 종류를 사용하는지 따위가 차근차근 밝혀지기 때문에 이들 특허는 원래도 개발 단계 후반에 등록되는 것이 일반적이다. 다만 제약사에서 이런 특허 연장 전략의 과실이 크다는 것을 깨닫자, 아예 제품이 출시될 즈음에 특허를 출원하는 노골적인 형태의 특허 연장 사례가 등장하면서 에버그리닝 전략이 수면 위로 드러나게 되었던 것뿐이다.

두 번째로 많이 사용되는 전략은 허가-특허 연계제도를 이용하는 것이다. 뭉뚱그려서 논의되긴 했지만 엄밀하게 말하면 '제네릭의약품이 규제기관으로부터 시판 허가를 받는 것(A)'과 '시판 허가를 받은 의약품을 판매해 수익을 얻는 것(B)'은 독립된 사건이다. 특허권의 보호범위는 (B)의 행위가 특허를 침해하는 경우 이를 법적으로 막을 수 있다는 것이지, 원칙적으로 (A)를 막을 수는 없다. 따라서 많은 제네릭 개발사들은 특허 만료 전에 (A)를 모두 마치고 특허 만료 즉시 (B)를 시작하는 방식으로 제네릭의약품을 출시했었는데, 여기에 제동을 거는 것이 허가-특허 연계제도이다. 허가-특허 연계제도는 제네릭 제약사가 개발 중인 의약품이 자사의 특허를 침해하는 경우, 소송을 걸어 허가 과정을 30개월 까지 늦출 수 있도록 해준다. 여기서 포인트는 실제로 소송에서 이기는지 여부가 아니라 허가 과정을 30개월 늦춘다는 대목이다. 소송 한 번으로 2년 반이라는 독점판매 기간을 벌 수 있으니, 운이 좋으면 이론상으로는 모든 특허가 만료된 뒤에도 최대 2년 반이라는 긴 기간 동안 제네릭 출시를 막을 수 있다.

기존에는 특허 당 최대 30개월을 연장할 수 있었는데, 이를 악랄하게 활용하여 무려 65개월 동안 제네릭의약품의 허가를 지연시키는 사례가 나오자 제품 당 한 번만 30개월 동안 유예시킬 수 있도록 제도가 변경되었다.* 그럼에도 허가-특허 연계제도는 여전히 강력한 힘을 발휘하고 있으며, 오리지널 제약사가 독점판매 기간을 연장하여 수익을 극대화하는 데 도움을 주고 있다. 국내에는 관련 제도가 도입되어 있지 않았으나, 한-미 FTA 체결 시 관련 제도가 도입되었다.

세 번째로 많이 사용하는 전략은 위임형 제네릭 전략이다. 특허권을 두고 벌어지는 전쟁에서 관찰되는 가장 큰 구도는 오리지널 제약사와 제네릭 개발사 간의 다툼이지만, 실제로는 제네릭 개발사들 간에도 치열한 경쟁이 벌어진다. 특허권이 만료된 다음에는 제네릭 제약사끼리 시장점유율을 놓고 다퉈야 해서 누가 먼

* 글락소스미스클라인GlaxoSmithKline, NYSE:GSK이 자사의 우울증 치료제인 팍실Paxil®의 특허권을 지키기 위해서 벌였던 일로, 총 5개의 특허에 대해 각각 30개월의 허가 유예를 얻어 냈다. 선 연장 전략도 같이 진행하였기에 개별 특허의 특허 기간도 꽤 겹쳐서 특허 만료 후 무려 5년간 제네릭의약품의 시장 진입을 차단했다.

저 시장에 진입하는 지, 누가 어느 정도의 가격을 유지할 수 있는지 따위가 매우 중요하다. 오리지널 제약사는 정확히 이 지점을 노리고 제네릭 개발사와 협상을 펼친다. 오리지널 개발사가 아무리 노력한들 특허의 만료는 결국 언젠가는 도래하게 되니, 특정 제네릭 개발사 한 곳에 미리 제네릭의약품을 개발하고 판매할 수 있는 권리를 위임하는 것이다. 제네릭 개발사는 시장 선제진입 기회를 얻어서 다른 제네릭 개발사와의 경쟁에서 우위에 서게 되니 나쁠 것이 없고, 오리지널 제약사는 어차피 만료될 특허를 몇 년 남짓 먼저 '판매'함으로써 로열티를 받을 수 있으니 나쁠 게 없다.

이보다 조금 더 냉혹한 방식도 있다. 오리지널 제약사 혹은 오리지널 제약사가 소유한 자회사에서 오리지널 의약품과는 다른 이름으로 자체적인 제네릭의약품을 출시하는 것이다. 가격은 좀 낮아지더라도 수익은 모두 오리지널 제약사에게 돌아오고, 특허가 만료되더라도 자사에서 출시한 제네릭이 시장점유율을 이미 많이 가져온 상태니 특허 만료의 충격은 훨씬 줄어든다. 오리지널 제약사가 가진 특허권이 얼마나 큰 무기인지 실감이 가시는가. 그렇다고 제네릭 개발사가 이에 대응할 방법이 아예 없는 것은 아니다.

제네릭 개발사의 특허 파훼 전략

제네릭 개발사가 오리지널 제약사의 에버그리닝 전략을 뚫고 제네릭을 출시하는 것은 무척 부담이 큰 일이다. 앞서 위임형 제네릭 전략에서도 잠깐 설명했지만, 제네릭 개발사는 오리지널 제약사만이 아니라 다른 제네릭 개발사와도 경쟁을 벌여야 한다. 따라서 시장 진입 시점이 무척이나 중요한데, 이를 앞당기기 위해 먼저 개발을 시작했다간 오리지널 제약사에게 특허침해 소송을 당할 가능성이 높다. 그러자 아예 접근 방식을 바꾸는 회사들이 등장했다. 오리지널 제약사에게 특허 소송을 내 특허를 무효화하는 적극적 공세를 펴는 제약사가 등장한 것이다.

첫 번째는 시장에 진입한 '첫 제네릭First generic drug'을 개발한 제약회사에 6개월간의 독점적인 판매권을 보장하는 '우선판매허가권' 제도를 이용하는 것이다. 이 제도의 가장 큰 장점은 제네릭 개발사와 오리지널 제약사 간의 일대일 다툼이 아닌 제네릭 개발사 연합을 구성해서 싸울 수도 있다는 점이다. 소송에 참여하는 제약사의 수가 늘수록 개별 제약사가 가져가는 파이는 줄어들겠지만, 특허 만료 기간 전에 특허를 무효화하는 것은 제네릭 개발사 전체에 새로운 파이를 새로 만들어 내는 일에 가까워 각자의 몫이 작아지더라도 충분히 이윤이 남는다. 국내에서도 이런 단체 소송으로 오리지널 제약사의 특허를 무효화시킨 사례들이 제법 있는데, 이런 특허 무효화가 가능한 이유는 특허가 '신규성'과 '진보성'을 입증해야만 등록되기 때문이다. 물질특허나 용도특허를 제외한 후반부의 많은 특허들은 '기존 특허로 인해 이미 알려진 사실'을 다시 특허로 등록한 것으로 해석될 여지가 있고, 이것이 진보성이 없다거나 신규성이 없다는 항변이 받아들여지면 해당 특허는 무효가 된다. 이런 방식으로 특허의 허점을 찾아 특허를 깨는 것이 제네릭 개발사가 시도할 수 있는 유효한 대응 수단 중 하나이다.

두 번째는 조금 더 어려운 일인데, 연구개발을 통해 오리지널 제약사의 특허를 '회피'하는 것이다. 이런 방식은 기본적인 연구개발 역량이 갖춰진 제약사에서만 가능하지만, 성공하기만 한다면 원천적인 특허라고 할 수 있는 물질특허까지도 회피할 수 있는 아주 매력적인 수단이다. 다만 물질특허를 회피할 정도로 새로운 구조를 만드려면 신약개발 수준의 역량이 필요하니 보통은 여기까지 나아가지는 않는다. 후반부에 추가되는 특허인 수화물 구조라던가 염 변경, 제제 변경 정도의 특허들을 회피하는 경우가 대부분이다.

가령 국내에서 가장 많이 사용된 특허 회피 방식은 염 변경 특허 회피 방식이다. 염salt이란 원료의약품에 짝을 맞춘 안정화 물질•로, 약물이 물에 얼마나 잘 녹는지 혹은 물질이 얼마나 안정된 상태로 존재하는지 등에 영향을 미친다. 그래서 원료의약품이 개발되면 이를 최적화된 상태로 합성하고 유지하기 위해서 적절한 염으로 원료의약품의 짝을 맞추는 과정이 신약개발 시에 중요하게 다뤄지는데, 이때 짝을 맞춘 염도 특허의 대상이 된다. 다만 약물의 아주 본질적인 부분이 아니다 보니, 제네릭 개발사들은 다른 종류의 염을 사용해 짝을 바꾸는 방식으로 특허를 회피해 의약품 승인을 받아왔다. 비슷하게 의약품의 투여 형태를 뜻하는 제제에 관한 특허도 상대적으로 회피하기가 쉽다. 그래서 실질적인 의약품의 특허 만료를 물질특허나 용도특허 정도로 보는 경우가 많다. 다만 후반부의 특허를 회피하는 것도 그리 만만한 일은 아니어서 연구개발 역량이 없는 제네릭 제약사는 쉽게 시도하지 못한다. 어쨌거나 나름의 파훼법은 있는 셈이다.

이렇듯 공략하기 무척 까다로운 의약품 특허권에도 한 가지 불확실성은 있다. 현재 국제적으로 갖춰진 지적 재산권-특허 체제에서는 특허권에 대한 침해가 일어날 일이 거의 없다고 볼 수 있지만, 특수한 상황에서는 국가 혹은 시민사회에서 특허권을 무

• 구체적인 내용은 지나치게 전문적이라 부득이하게 생략했다. 관련 내용을 더 구체적으로 알고 싶으신 분들은 유기화학 교과서 혹은 약제학 교과서를 보셔야 하나, 이미 해 본 입장에서 그리 권하고 싶지는 않다.

력화하려는 움직임을 보이기 때문이다. 가령 2007년에는 태국 정부가 자국 내 후천성면역결핍증후군AIDS 환자들이 수용 가능한 가격으로 치료제를 공급하지 않는다면 특허권 강제실시**를 발동하겠다고 엄포를 놓으며 글로벌 제약사들과 강도 높은 분쟁을 겪었다. 이런 일은 비단 제약산업이 발달하지 않은 개발도상국에서나 일어나는 일만도 아니다.

2015년에 미국에서도 비슷한 일이 있었다. 헤지펀드 매니저 출신이 세운 튜링제약이라는 제약사에서 필수의약품의 약가를 갑자기 50배나 인상하는 일을 벌인 것이다. 튜링제약은 오래된 말라리아 치료제 성분인 피리메타민Pyrimethamine에 새로 용도특허(US20190077794A1)가 추가된 것을 보고, 해당 특허권을 인수한다. 피리메타민은 물질특허가 끝난 지 워낙 오래된 약인 데다, 수익성이 낮다는 점 때문에 제네릭 개발사도 굳이 제네릭을 생산하지 않던 상태이다 보니 특허 만료 이후에도 완벽한 독점 상황을 유지하고 있었다. 그런데 독점 상황을 이용해 약가를 급격히 올린 것이다. 소식을 접한 미국 내에서는 반대 여론이 들끓었고, 과

** 국가 비상시 국방 및 공익상 필요에 따라 특허권자의 허가 없이 특허권을 강제로 무효화하는 조치로 추후 특허권 이용에 대한 소정의 비용은 지불해야 하나, 오리지널 제약사가 정한 약가를 100% 지불해야 하는 것은 아니다. 특허권자가 독점권을 행사하는 것의 안전장치로 도입된 것인데 실제로 행사된 경우는 매우 드물다.

격한 시민단체에서는 특허권 강제실시 주장까지 내놓기에 이른다. 당시 유력한 민주당 대선 후보였던 힐러리 클린턴도 튜링제약에 대한 비난에 동참하자, 여론 악화에 부담을 느낀 미국 제약협회에서는 튜링제약이 제약협회 소속 기업이 아니며 이들의 행위는 절대 용납될 수 없다는 비판 성명까지 내놓는다. 결국 해당 용도특허는 효력 정지 처분을 받았고, 튜링제약의 CEO는 여러 혐의가 인정되어 교도소에 수감되는 최후를 맞았다. 특허권은 제약사의 가장 강력한 무기이지만, 시민사회의 허용 수준을 넘어선 특허권 남용은 법의 철퇴를 맞게 된다는 점을 잊지 말아야 한다.

사례노트

동아제약의 스티렌® 특허분쟁

국내에서 제약사 간의 특허분쟁이라는 키워드를 접하면, 흔히 글로벌 제약사와 국내 제약사 사이의 분쟁을 떠올린다. 실제로 국내에서 벌어지는 의약품 관련 특허분쟁 대부분이 그 유형에 포섭되긴 하는데, 2010년대 초반에는 국내 제약사 간에도 신약을 둘러싼 꽤 큰 규모의 특허분쟁이 있었다. 현재는 동아에스티(170900), 기업 분할 전에는 동아제약(000640)에서 보유하던 연 매출 900억 원짜리 위 보호제 스티렌Stillen®을 둘러싼 분쟁이다.

스티렌®은 한의학적 처방을 바탕으로 탄생한 천연물 신약이라 탄생부터 일반적인 의약품과는 조금 달랐었는데, 스티렌®의 원료의약품은 단일 화학물질이 아니라 여러 화합물이 섞인 혼합물이다. 약쑥의 일종인 애엽에는 자세오시딘Jaceosidin이라는 물질이 포함되어 있다는 게 이미 널리 알려져 있었다. 또 자세오시딘이 위에 좋다는 것 정도는 알려져 있었지만 자세오시딘이라는 물질 자체만 분리한 것으로는 위 보호 효과가 그리 신통치가 않았다. 그런데 애엽을 에탄올로 추출한 '자세오시딘 혼합물'은 자세오시딘 자체보다 더 뛰어난 위 보호 효과가 나타난다는 것을 동아제약 측에서 밝혀냈고, 동아제약은 애엽에서 추출한 혼합물 자체를 원료의약품으로 하는 천연물 신약을 개발한 것이다. 국내에서 개발된 의약품 중 단일의약품으로는 최대 매출인 900억 원을 달성한 효자 상품이었지만, 특허권 분쟁에 휘말리면서 매출은 급감하게 된다.

동아제약에서 구성한 스티렌®의 특허 구조는 이랬다. 이미 자세오시딘이라는 핵심물질은 물론 애엽이라는 식물도 알려져 있는 상태라 이를 이용해 물질특허를 얻을 수는 없었다. 그래서 동아제약은 이를 제조방법 특허와 용도특허를 결합하는 형태로 출원하는 전략을 편다. '에탄올로 추출한 애엽 추출물(A)'과 '애엽 추출물을 위 보호제로 사용하는 것(B)'이 스티렌®의 주된 특허가 된 것이다. 2011년까지 꾸준히 성장하던 제품이라 특허가 만료되는 2015년 즈음에는 매출이 1,000억 원을 훌쩍 넘을 것으로 기대됐지만, 2012년에 이 특허를 회피했다고 주장하는 약이 개발되면서 특허분쟁이 시작됐다. 제네릭 개발사•는 (A)

• 엄밀하게는 '개량 신약'이라는 범주에 들어가는 형태의 의약품이다. 특허 회피에 성공한 제네릭은 오리지널 의약품과는 다른 나름의 개선점이 존재하므로 개량 신약이라는 범주의 의약품으로 허가된다. 반면 특허 무효화에 성공한 제네릭은 특허 회피의 필요성이 없으므로 일반적인 제네릭의약품의 형태로 허가를 받아 판매된다.

를 회피하기 위해 에탄올이 아닌 다른 추출 용매를 사용해서 애엽 추출물을 만들었는데, 그렇다고 하더라도 용도특허인 (B)를 넘을 수는 없게 되자 과감한 주장을 내놓는다. 동아제약이 (B)에서 주장하는 '애엽 추출물'은 (A)에 의해서 만들어진 것으로 제한하는 것이 적절하다는 것이다. 즉, '에탄올로 추출한 애엽 추출물을 위 보호제로 사용하는 것'이 동아제약에서 보유한 용도특허라는 주장을 편 것이다. 사건은 특허심판원과 특허법원의 판결을 거쳐 대법원까지 올라갔고, 결국 2013년에 동아제약이 최종 패소하는 충격적인 결말을 맞는다. 견실해 보이던 용도특허가 깨져 버린 것이다.

최초의 특허심판원 결정이 나온 것은 2012년 11월 22일. 이때는 동아제약이 '절반의 승리'를 거뒀지만 2012년 11월 20일에 117,000원이던 동아제약의 주가는 2012년 11월 27일에는 102,000원으로 12.8% 하락했고, 2심이라고 할 수 있는 특허법원 결정이 나온 2013년 6월 21일 인근에는 2013년 6월 19일에 125,500원이던 주가가 2013년 6월 27일 108,000원까지 13.9% 내리 하락했다. 스티렌®의 매출도 비슷한 운명을 걸었다. 2011년에 881억 원으로 최고점을 찍은 스티렌® 매출은 2013년 제네릭의약품이 발매되자, 633억 원으로 약 250억 원이나 감소하더니 특허가 만료되는 2015년에는 371억 원까지 떨어졌다. 만약 특허권이 방어되어 2011년 매출을 2014년까지 꾸준히 유지했더라면 약 700억 원의 추가 매출이 발생할 수 있었으므로 동아제약에는 뼈아픈 손실이었다. 이처럼 특허권은 오리지널 제약사에게 강력한 무기지만, 특허를 등록했다고 해당 권리가 끝까지 보장된다고 과신하는 것은 곤란하다. 동아제약 스티렌®의 사례처럼 가장 강력한 원천특허 중 하나인 용도특허도 법적인 해석에 따라 효력을 상실할 수 있다.

03

의료보험이라는 든든한 지갑

1장과 2장에서 제약업의 두 가지 특징을 살펴봤다. 규제로 인한 신입장벽이 높아 신규 공급자의 시장 진입이 매우 어렵고, 특허권과 각종 제도로 신약의 독점판매권이 철저하게 보호된다는 점 덕분에 시장에 진입한 기업에는 안락한 울타리가 제공된다. 그렇지만 이 두 가지는 의약품이 돈이 되는 이유의 절반인 공급자에 대한 부분만을 설명할 뿐이다. 소비재는 소비자가 없으면 수익을 올릴 수 없다.

공급자가 추가적인 이익을 얻을 수 있다는 건 소비자에게 그만큼의 비용이 전가된다는 뜻인데, 이는 소비자의 편익이 줄어드는 별로 바람직하지 않은 상황이다. 일반적인 경우라면 소비자가 지갑을 닫고, 기업은 소비를 늘리기 위해 가격을 낮추겠지만 의약품 시장에서는 그런 모습이 관찰되지 않는다. 그동안 제약회사는 신약의 가격을 높게 유지하면서도 꾸준히 성장해 왔고, 환자들의 의약품 소비량 역시 계속 증가하고 있다. 이런 이상한 현상의 기저에는 '의료보험 제도'가 있다.

의료보험이 제공하는 대규모 할인

특별히 경제학을 공부하지 않은 사람도 가격이 증가하면 소비가 줄고, 가격이 내려가면 소비가 늘어난다는 기초 개념은 이해하고 있다. 그런데 가격이 변화할 때, 소비량이 정확히 얼마나 변화하는지를 쉽게 대답하기는 어렵다. 다행히 경제학자들은 이를 가격탄력성price elasticity이라는 개념으로 수치화해 뒀고, 가격탄력성 값을 보면 제품 소비량이 가격에 얼마나 민감한지를 알 수 있다. 간단하게 계산해 보자. 가장 단순한 형태로 가격탄력성을 계산하면 가격이 1% 상승했을 때 수요량이 1% 감소하는 경우, 가격탄력성은 -1.0이 된다. 예를 들어 사과의 가격이 10% 올랐을 때, 소비량이 20% 감소한다면, 사과의 가격탄력성은 -2.0이 된다. 그렇다면 의약품은 가격탄력성이 어느 정도나 될까?

심각하게 몸이 아픈 사람은 의료서비스를 이용할 수밖에 없다. 그래서 의료서비스는 가격탄력성이 없다는 오해를 하는 경우도 많은데, 일반 소비재에 비하면 매우 낮은 편이긴 하지만 가격탄력성이 분명히 존재한다. 가령 국내 당뇨병 치료제의 가격탄력성을 조사한 연구(권순홍, 2017)에 따르면, 당뇨병 치료제의 가격탄력성은 대략 -0.857 수준으로 나타났다. 당뇨병으로 판정받은 이후에는 계속 약을 복용해야만 하므로 가격이 오르더라도 소비량이 그에 정비례해서 떨어지지는 않은 것이다. 비슷한 시기 국내 조사에서 과일의 가격탄력성이 -2.33, 커피의 가격탄력성이 -4.15 정도로 나온 것을 고려하면 의약품의 가격탄력성은 무척 낮다고 할 수 있다.

그런데 여기서 한 가지 주목해야 하는 점이 있다. 의약품의 가격탄력성은 다른 소비재보다 훨씬 낮긴 하지만 의료보험 적용을 통해 그 이상의 엄청난 할인 혜택을 받고 있다는 것이다. 국내의 건강보험 적용 기준에 따르면, 전체 약가 중 국민건강보험에서 부담하는 비율은 70%이다. 즉, 보험 수혜자가 부담하는 금액은 전체 약가의 30% 수준이라는 뜻인데, 일반 재화의 구매 상황에 대입해서 생각하면 원래 가격의 70%를 할인받은 것과 별로 다르지 않은 상황이다. 앞서 소개한 연구에서 도출된 가격탄력성 수치를 이용해 이런 할인이 얼마나 소비량을 늘렸는지를 역으로 계산해 보자. 현재의 의약품 수요량은 건강보험에 의한 할인이 적용된 수치다. 따라서 할인의 효과는 가격탄력성인 0.857에 가격할인율 70%를 곱한 60%가 된다. 다시 말해, 의료보험이 적용되는 덕분에 의료보험이 없는 상황과 비교하면 의약품 소비량이 60% 가까이 증가•하게 되었다는 것이다.

약 가격이 내려간다고 아프지 않은 사람이 약을 구매하지는 않으니 무리한 추정이 아니냐고 여기실 수도 있는데, 이와 같은 보험에 의한 할인 효과는 이미 국민건강보험이 적용되는 사람을 대상으로 하더라도 추가적으로 더 나타날 수 있다는 점이 밝혀져 있다. 70%에 달하는 국민건강보험 할인을 받는 사람들도, 민간보험사에서 운영하는 실손보험 상품 등에 추가로 가입하는 경우 의료서비스 이용이 통계적으로 유의하게 더 늘어났기 때문이다(우민아, 2018). 가격이 오르면 소비량이 줄어드는 것은 물론이고 가격이 저렴해지면 소비량이 늘어나는 양방향의 가격탄력성이 모두 확인된 것이다.

제약사도 당연히 이런 사실을 인지하고 있다. 따라서 신약이 규제기관에서 시판 허가를 받기 위해서 진행되는 업무와 별개로, 자사에서 개발한 의약품이 허가 시점에 보험 적용을 받을 수 있

• 실제로 경제학에서 가격탄력성을 엄밀하게 다룰 때는 가격 구간에 따라 가격탄력성도 달라진다고 본다. 일반적으로 가격이 높은 구간에서는 가격탄력성도 훨씬 더 높아진다는 점을 고려하면, 이 수치도 꽤 보수적이다.

도록 하는 것도 제약회사에서는 매우 중요한 업무 중 하나이다. 의약품이 보험 적용을 받기 위해서는 보험사의 보험 적용 목록에 등재되는 절차가 필요하다. 그래서 신약이 개발되면 제약사는 보험에 등재되는 약가를 두고 보험사와 협상을 벌이는데, 먼저 제약사의 관점에서 이 협상을 살펴보자. 의료보험이 적용되면 소비자에게 엄청난 할인을 제공하긴 하지만 특허 기간 내에 최대한의 수익을 내야 하는 제약사는 최대한 높은 약가를 받아야 한다. 그렇다고 협상이 결렬되면 소중한 독점판매 기간을 날리게 되니 가격을 조금 더 낮추더라도 최대한 많은 양의 의약품이 팔릴 수 있는 방식을 요청하는 것이 합리적이다.

보험사의 관점에서는 두 가지 목적이 충돌한다. 우선 보험 재정을 운용하면서 실제로 의약품 비용을 지불해야 한다는 점에서는 높은 약가가 큰 부담이다. 따라서 가급적 약가를 낮추거나, 협상이 여의치 않으면 아예 보험 적용을 하지 않는 것이 합리적인 결정이라 할 수 있다. 그렇지만 다른 경쟁 보험사들이 존재한다는 점, 소비자들은 대개 신약의 보험 적용을 강하게 요구한다는 점을 고려하면 신약에 대한 보험 적용을 외면하기란 쉽지 않다. 이 두 가지 상충되는 목적을 해결하기 위해 보험사는 보험료가 다른 다양한 보험상품을 개발하는 것으로 대응했다. 보험 상품마다 보험 적용 범위를 차등적으로 적용하는 것이다. 문제는 이런 방식의 접근을 취하지 못하는 국민건강보험과 같은 공공의료보험이다.

공공의료보험의 취약한 의사결정 구조

미국과 같은 민영의료보험 중심의 보건의료 제도는 세계적으로는 꽤 이례적인 경우이고, 주요 선진국에서는 우리나라와 같은 공공의료보험 체계가 훨씬 보편적이다. 공공의료보험 제도에서 의약품이 보험 적용을 받으려면 필요한 조건은 이렇다. 일단 의약품의 안전성과 유효성은 규제기관에서 검증을 받았으니, 보험사에서는 의약품이 치료하고자 하는 '질병의 종류'와 치료의 '가성비'에 집중한다.

우선은 질병의 종류다. 탈모 치료제는 '탈모'라는 인간의 건강에 치명적인 악영향을 끼치지 않는 질병을 치료하는 일종의 미용 목적으로 사용되는 의약품이다. 따라서 탈모 치료제는 안전성과 유효성이 입증되었다고 하더라도, 일반적인 공공의료보험에서 보험 적용을 받지 못하는 경우가 대부분이다. 질병 종류에서 일차로 걸러지는 것이다.

두 번째는 의약품이 가격 대비 적절한 치료 효과를 내냐는 일종의 가성비를 충족하냐는 것이다. 고기값이 100g에 얼마로 정량되듯, 단순하게 생각하면 '치료 효과'를 '치료 비용'으로 나눈 값이면 충분할 것 같지만 의외로 까다로운 문제가 존재한다. 예를 들어 감기 환자가 완전히 회복되는 것과 관절염 증상이 평상시의 30% 수준으로 감소하는 것의 치료 효과는 어떻게 비교할 수 있을까? 서로 다른 질병에 대해서 범용적으로 적용 가능한 '치료 효과'에 대한 통일된 기준이 필요한 것이다. 이에 대한 해결책으로 나온 것이 QALY라는 지표•이다. 이는 임상시험 등을 통해서 정해지는 것이니 변경할 방법이 없는데, 문제는 가격이다. QALY를 1만큼 상승시키는데 필요한 비용이 지나치게 크면 보험 적용을 해 줄 수 없다. 나름의 가격한계치가 존재하는 것이다(이때 '지나치다'의 기준은 암묵적으로 해당 국가의 1인당 GDP 값으로 정해진다).

보험 적용의 원칙상 인간의 건강에 직접적인 악영향을 미치는 모든 질환에 대해서는 보험을 적용해 가입자가 충분한 치료를 받을 수 있도록 해야 한다. 다만 가격한계치를 넘는 약에는 보험 적용이 어려워 가격을 맞춰야 하는데, 치료 효과가 충분히 크면 비

• 질보장수명Quality-Adjusted Life Year, QALY이라는 지표로, 생존연수에 삶의 질을 곱해서 얻어지는 수치이다. 아주 건강한 상태의 삶의 질을 1이라고 하면, 경증 아토피피부염을 겪는 사람의 삶의 질은 0.85 정도이다. 아토피 치료가 완전히 이루어진다면 환자가 생존하는 매해 0.15의 추가적인 QALY가 발생하는 식이다.

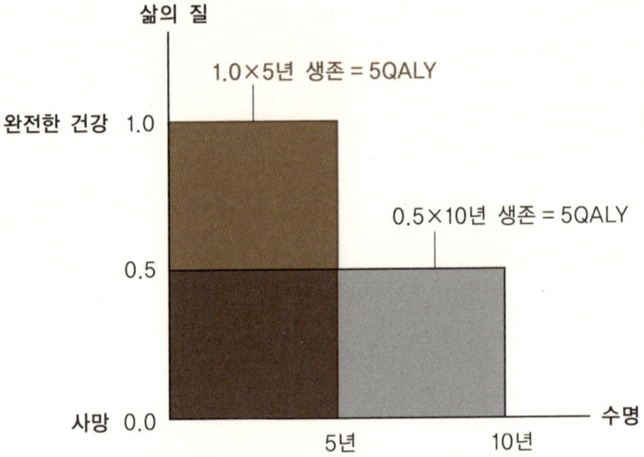

그림 3-1 QALY의 계산 예시
삶의 질 1로 5년을 사는 것도 QALY가 5지만, 삶의 질 0.5로 10년을 사는 것도 이와 동일한 QALY값인 5가 된다.

용이 더 커져도 가성비의 한계 내에 들어올 수 있으므로 약의 가격을 높여 받을 수 있다. 그렇지만 치료 효과가 암묵적인 가성비 한계치를 넘어서지 못한다면, 높은 약 가격으로는 공공의료보험 체계에서 보험 등재가 절대 불가능하다. 그런데 공공의료보험에는 민간의료보험과 다른 취약점 세 가지가 존재해 이런 일이 실제로 일어난다.

첫 번째 취약점은 공공의료보험의 경우 오직 한 가지 보험상품만 존재한다는 점이다. 민간의료보험에서는 가입자가 선택한 상품에 따라 각기 다른 보험료를 지불하는 여러 가지 보험상품이 있지만, 공공의료보험은 가입자가 내는 돈과 무관하게 적용받는 보험의 종류가 모두 동일하다.

두 번째 취약점은 가입자가 매우 많다는 점이다. 공공의료보험을 운용하는 국가에서는 절대다수의 국민이 보험 가입자가 되고, 이들은 모두 일정 수준의 보험료를 의무적으로 납부하게 된다. 그래서 어느 영역에서 비용이 과다하게 커져도 개별 가입자가 느끼는 비용 증가는 그리 크지 않다.

마지막 세 번째 취약점이 가장 중요한데, 공공의료보험은 보험 적용을 결정하는 의사결정자가 보험 재정 지출 절감에 따른 인센티브를 받지 않으면서도 직간접적으로 선출직 공무원의 지배 아래에 놓인다는 점이다. 이 세 가지를 종합해 보면 아래와 같은 재미있는 상황이 발생한다.

선거를 통해 당선되는 선출직 공무원은 국민들의 지지율을 높이기 위해 무슨 짓이든 한다. 그런데 보험료를 내는 사람이 워낙 많다 보니 특정한 약의 가격이 약간 높아진다고 해서 보험료가 대폭 상승하지는 않는다. 또 가입자는 모두 동일한 의료보험을 적용받으니 해당 의약품에 대한 보험 혜택을 받는 사람이 특별히 돈을 더 내지도 않는다. 조직화된 환자 집단이 단체행동을 통해 정치권을 강력하게 압박하면 정치인들은 다시 공공의료보험 의사결정자들에게 압력을 행사하게 되는데, 의사결정자들은 보험 재정을 아끼는 게 본인에게 특별히 이득이 되지 않으니 원칙은 생각보다 쉽게 무너진다. 제약회사들은 이런 점을 너무도 잘 알고 있기에 직간접적으로 환자 단체는 물론 의사 단체, 의학 학회들과도 우호적인 관계를 유지하고, 보험 약가 협상에 이들을 직간접적으로 동원한다. 제약사와 공공의료보험 담당자들의 협상이 난항을 겪을수록 양측에 대한 비난은 같이 증가하지만, 지나치게 폭리를 요구하는 경우가 아니라면 시간은 보통 제약사의 편이다. 특허 기간도 만료되긴 하지만 환자의 시간은 더 빠르게 흐른다. 결과적으로 신약은 원래 받을 수 있는 것보다 높은 약가를 받고 보험 적용을 받게 되는데, 문제가 하나 있다. 이런 방식의 보험 체계는 그리 오래 지속될 수 없다는 점이다.

국가재정이라는 마르지 않는 샘

미국은 선진국 중에서도 특이하게 민간의료보험이 잘 발달된 국가 중 하나다. 물론 민간의료보험만 있는 것은 아니다. 저소득층과 장애인을 대상으로 하는 메디케이드Medicaid와 노인을 대상으로 하는 메디케어Medicare라는 두 개의 공공의료보험이 전체 인구의 35-40% 정도를 포괄하고 있어 최소한의 공적인 의료는 제공하고 있다. 나머지 인구는 본인이 보험료를 내고 민간의료보험에 가입하거나 회사에서 단체가입 형태로 제공하는 민간의료보험의 혜택을 받는데, 이 비율이 약 40-45% 정도다. 이 두 집단에 끼지 못한 15-20%는 국가에서 제공하는 보험 혜택을 받을 정도로 가난하지는 않지만, 자신의 돈을 내고 보험에 가입할 정도의 소득은 없어 아무런 의료보험 혜택을 받지 못하는 보험 미가입자로 남는다.

이 문제를 해결하고자 도입된 것이 오바마케어Obamacare다.• 오바마케어는 보험 미가입자에게는 벌금을 부과하고, 보험사에는 가입자의 질병을 이유로 보험 가입을 거절하지 못하게 하는 파격적인 방식을 채택했다. 민간의료보험 체계를 유지하면서도 일종의 공공의료보험 형태로 제도를 변화시켜 보험 미가입자를 줄이는 것이다. 2014년에 본격적인 오바마케어가 시행되자 보험 미가입자의 수는 빠르게 줄어들었다. 2013년에 17% 정도였던 보험 미가입자 비율은 2014년에 14%, 2015년에는 11%까지 떨어졌다. 그런데 이 과정에서 한 가지 문제가 드러났다. 기존에는 질병을 이유로 보험 가입이 거절되던 환자들과 미래에 건강 위험

• 오바마 대통령이 적극적으로 도입을 주장해서 시행된 건강보험 정책이라 이런 별칭이 붙은 것이고, 공식 법률 명칭은 '환자 보호 및 보험 접근성 강화법Patient Protection and Affordable Care Act'이다.

이 커지리라 예상되는 건강 상태가 나쁜 사람들이 적극적으로 보험에 가입하기 시작하면서 보험사의 순이익이 급격히 줄어들게 된 것이다. 구체적인 자료를 한 번 살펴보자.

미국에서 가장 큰 민간의료보험사인 유나이티드헬스그룹United Health Group, NYSE: UNH은 2010년부터 2013년까지 4년 동안 순이익이 연평균 4.96%씩 증가했다. 2013년 순이익은 56억 2,500만 달러(약 6조 2,888억 원)였는데, 오바마케어가 도입된 2014년의 순이익은 56억 1,900만 달러(약 6조 2,820억 원)으로 60억 원 정도 줄어들었다. 매출 규모는 전년 대비 6.5%나 증가했지만, 순이익은 전년보다 더 감소하는 현상이 벌어진 것이다. 이런 현상은 더욱 심해져 2015년에는 전년 대비 매출액이 20.4%나 증가했지만, 순이익은 전년 대비 3%만 증가하는 초라한 성적을 거뒀다. 건강보험업계의 문제 제기에 소극적으로 대응하던 오바마 행정부도 오바마케어 탈퇴까지 거론하는 강력한 반발은 이길 수가 없었고, 결국 2016년에 의료보험료를 평균적으로 22% 올리는 안을 승인하게 된다.

미국 민간의료보험의 사례에서 볼 수 있듯, 상대적으로 소수인 고위험군이 자사의 보험에 포함되기 시작하자 의료보험사의 수익은 급격히 떨어졌다. 그런데 각국이 운영하는 공공의료보험은 공공의료보험의 성격상 고위험군을 절대로 배제할 수 없는 것은 물론이고, 민간의료보험처럼 의료보험료를 급격히 인상시킬 수도 없다. 게다가 보험운용자가 보험 수익과 철저하게 분리되어 있고, 선거를 통해 당선되는 정치인이 시민들의 의료혜택 확대 압력을 직접 받다 보니 보험 범위는 점점 더 확대될 수밖에 없다. 보험 재정의 지속가능성을 따져 보면 장기적으로는 적자가 날 수밖에 없는 구조인 셈이다. 이런 악조건에도 불구하고 공공의료보험은 아직 존속되고 있는데, 이를 가능하게 하는 건 국가에서 직접 투입하는 국가재정이다.

우리나라의 공공의료보험인 국민건강보험의 수입 구조를 살펴보자. 2020년 기준 건강보험 수입은 약 77조 원 정도인데, 이 중 직접적인 보험료가 차지하는 것은 63조 원(82.4%) 정도에 불과하다. 나머지 수입 중 가장 큰 비율을 차지하는 것은 정부지원금으로, 2020년 한 해에만 9조 원(12.3%) 정도가 정부 재정에서 건강보험 재정으로 투입됐다. 그런데 건강보험법상 정부가 지원해야 하는 금액은 건강보험 재정의 14%여서, 1년에 9조 원을 지원한 것도 실제로는 법이 정한 기준을 충족시키지 못한 금액이다. 따라서 건강보험 재정이 악화되더라도 건강보험료를 급격히 인상하는 형태보다는 정부지원금을 더 늘리는 쪽으로 변화할 가능성이 크다. 그것이 여의치 않을 때는 담배에 붙는 건강증진금과 같은 형태의 새로운 세금을 신설해 이를 건강보험 재정 충당에 사용할 수도 있다. 선출직 공무원이 지배 구조의 정점에 있는 이상 반쯤 세금으로 간주되는 건강보험료를 인상하는 것은 정치적 부담이 크기 때문이다.

아예 영국과 같이 의료보험 형태가 아닌 국영 의료서비스를 운영하는 경우는 의료 지출이 정부의 책임이 되므로, 필수적인 의료 범주에 들어가는 비싼 의약품과 다양한 의료비용이 모두 세금의 형태로 충당되고 있다. 이렇게 투입되는 금액이 매년 1,404억 파운드(약 214조 원)라는 막대한 수준인데, 국가가 경제적으로 붕괴하지 않는 이상 세금으로 전액 혹은 부분적인 벌충을 보장하는 의료체계가 무너지긴 힘들다. 공공의료보험은 어떤 항목에 보험 적용을 해 주는지에 대한 의사결정 과정이 '정해진 원칙'보다는 '시민의 요구'에 더 민감하게 반응한다. 그래서 지속 가능성이 낮음에도 불구하고 매우 안정적인 재정 확충 수단을 갖고 있기 때문에 망할 수도 없는 것이다. 국가재정이라는 마르지 않는 샘과 소비자에게 제공되는 막대한 할인. 이것이 바로 제약회사가 안정적인 수익을 얻을 수 있는 가장 큰 이유 중 하나이다.

사례노트

면역항암제 키트루다®의 급여 결정

현재까지도 암을 완벽히 제거할 수 있는 항암제는 등장하지 않았다. 빠르게 분열하는 세포를 광범위하게 타격하는 1세대 항암제를 거쳐, 표적화된 항암치료가 가능한 2세대 항암제도 개발되었으나 여전히 많은 사람이 암으로 사망하고 있다. 그때 3세대 항암제인 면역항암제가 새롭게 등장했다.

면역항암제는 인체에 자연적으로 존재하는 면역세포가 직접 암세포를 공격하게 유도하는 방식으로 작용하는 항암제인데, 여기에도 몇 가지 제한점이 존재한다. 암세포에 특정한 수용체가 발현되어 있어야만 약이 효과를 나타내고, 해당 수용체가 발현되어 있더라도 무조건 효과를 보장할 수는 없다는 점이다. 그렇지만 다른 약에 반응하지 않는 말기암에서도 극적인 효과를 보이는 경우가 보고되고 있고, 기존에 치료제가 없던 희귀암에서도 특정 수용체 발현이라는 조건만 맞으면 사용할 수 있어 개발 당시부터 큰 화제를 모았다. 국내에서도 2015년에 허가를 받아 시판되기 시작했는데 문제는 가격이었다.

미국에 본사를 둔 글로벌 제약사 머크Merck, NYSE:MRK가 개발한 키트루다Keytruda®의 경우, 허가 당시 1회 투약 비용이 약 900만 원이었다. 이런 주사제를 3주에 한 번씩 맞아야 했으므로 3달이면 환자 본인이 무려 3,600만 원을 오롯이 부담해야 했다. 그래서 지나치게 높은 비용에 부담을 느낀 환자들은 면역항암제에 대한 보험 적용을 요구하기 시작했는데, 건강보험공단에서는 난색을 표했다. 암이라는 질병 자체는 보험이 적용될 수 있는 위중한 질환이지만, 면역항암제의 치료 효과가 명확하지 않고 약가가 지나치게 높아 보험 재정에 큰 부담이 될 것으로 예상했기 때문이다. 그러자 환자들이 나섰다.

2016년 6월, 암환자와 그 가족들을 중심으로 면역항암제 급여화를 위한 인터넷 카페 '면역항암카페'가 개설됐다. 환자들은 카페를 중심으로 약가 부담을 낮추기 위해 정부에서 면역항암제의 보험 적용을 해야 한다는 목소리를 내기 시작했고, 보험 적용을 결정하는 주무 기관에 급여화를 요청하는 글을 지속적으로 올리며 건강보험공단과 정부를 강하게 압박했다. 의료계도 이런 움직임에 발맞췄다. 2016년 6월에 열린 대한암학회에서는 다수의 의료 전문가들이 면역항암제의 보험 적용이 필요하다는 의견을 냈고, 일부에서는 면역항암제에 대한 경제성평가•를 면

• 앞서 간략하게 약물의 '가성비'를 조사하는 것이라고 표현했지만, 공식적인 용어는 약물 경제성평가이다.

제해 주어야 한다는 주장까지 내놓는다.

여기서 주의할 점은 이런 행동이 제약사의 로비나 압력에 의해서가 아니라 각자의 목적—환자는 본인이 최선의 치료를 받기 위해, 의사는 환자에게 최선의 치료를 제공하기 위해—을 달성하기 위해서라는 것이다. 이런 선한 의도와 무관하게 보험 적용을 강력하게 요청하는 움직임은 협상 대상자 중 한쪽인 건강보험공단을 강력하게 압박했고, 논란 끝에 2017년 중순부터 키트루다®를 비롯한 면역항암제들이 건강보험의 적용을 받게 됐다. 물론 보험 등재 과정에서 1회 투약 비용이 900만 원에서 570만 원 정도로 떨어지긴 했지만, 제약사에게 보험 적용의 과실은 너무나도 달콤했다.

2017년 키트루다®의 국내 매출액은 122억 원으로 추정되는데, 보험 적용으로부터 2년이 지난 2019년에는 1,248억 원으로 약 10배 가까이 매출이 증가했다. 엇비슷한 시기 각국의 의료보험에서도 키트루다®에 대한 보험 적용이 진행됐으며, 2017년에 38억 달러(약 4조 4천5백억 원)이던 전 세계 매출은 2019년 111억 달러(약 12조 4천억 원)로 약 3배 증가했다. 머크사 기준으로도 전체 의약품 매출의 4분의 1 정도를 키트루다가 차지할 정도로 매출 비중이 커진 셈인데, 키트루다®의 매출이 커지자 주가도 함께 뛰었다. 키트루다®의 허가일인 2014년 8월에 60달러 정도던 머크사의 주가는 2019년 12월에 90.95달러로 약 51% 상승했다. 건강보험 등재 원칙에 따르면 그 정도의 약가가 책정되기도 힘든 약이었지만, 공공의료보험의 태생적 취약성으로 인해 키트루다®는 보험 적용이 됐고 이는 엄청난 매출로 이어졌다.

PART 2

바이오의약품은 무엇이 특별한가

바이오-제약 투자자들에게 가장 주목받고 있는 주제는 바이오의약품이다. 이미 세계 매출 최상위 의약품에는 다양한 바이오의약품이 포진해 있고, 국내에서도 여러 제약기업이 바이오의약품 개발과 생산에 힘쓰며 투자자들에게 주목받고 있다. 그런데 바이오의약품이 기존 의약품과는 정확히 무엇이 다른지를 제대로 설명할 수 있는 사람은 드물다. 바이오의약품은 왜 시장에서 그토록 주목받을까?

04

바이오의약품 개발의 핵심, 표적특이성

바이오의약품의 범위는 생각보다 넓다. 흔히 바이오의약품이라고 하면 첨단 생명공학 기술이 만들어 낸 기존에 없던 새로운 의약품을 떠올리지만, 수백 년의 역사를 지닌 백신은 물론이고 이미 수십 년 전부터 사용해 온 인슐린이나 혈소판 같은 것도 정의상 "살아 있는 생물에서 유래하거나 추출한 생물학적 활성을 지닌 물질"에 포함되기 때문이다. 그렇다면 이처럼 오래된 개념의 의약품이 최근 20년간 유독 주목을 받았던 이유는 뭘까?

여기에는 크게 두 가지 이유가 있다. 한 가지는 생명공학 기술의 발전 덕분에 생체 유래 물질의 대량생산이 가능해졌다는 것이고, 다른 한 가지는 항체의약품이라는 범주의 의약품이 새로 개발되었기 때문이다. 두 가지 요소 중 하나라도 부족했다면 지금과 같은 바이오의약품의 성공은 불가능했겠지만, 좀 더 본질적인 요인은 항체의약품이 제공하는 '표적특이성' 덕분이라고 보는 것이 타당하다. 대량생산에 관해서는 5장에서 더 자세하게 다루고, 이번 장에서는 표적특이성을 중심으로 바이오의약품의 특징을 살펴보자.

항체가 만들어 낸 표적특이성

특정 약물이 약효를 나타내기 위해서는 대략 세 가지 과정을 거쳐야 한다. 첫 번째는 약물이 혈액 속으로 흡수되어 들어오는 것이고, 두 번째는 약물이 작용해야 할 표적 조직으로 적절하게 이동되는 것이며, 세 번째는 약물이 표적 조직과 상호작용을 해서 약효를 나타내는 것이다.

전통적인 화학합성의약품을 먼저 살펴보자. 화학합성의약품이 혈액 속으로 흡수되기 위해서는 입으로 삼켜 소화기관을 통해 흡수되거나, 주사 형태로 직접 체내에 주입•되어야 한다. 그렇지

• 코로 흡입하는 방식, 피부에 패치 형태로 붙여서 흡수하는 방식, 연고나 크림 형태로 피부에 발라서 흡수하는 방식 등 여타의 다른 흡수 방식도 존재하지만 여기서는 굳이 다루지 않는 것으로 한다.

만 대부분의 화학합성의약품은 의료인이 없는 환경에서도 환자가 손쉽게 사용할 수 있도록 먹는 약 형태로 개발된다. 관련 분야에서의 오랜 연구 덕분에 먹어서 약을 흡수하는 과정은 그리 어렵지 않게 해결할 수 있게 되었고, 표적 조직과 상호작용을 해서 약효를 낼 수 없는 물질은 애초에 약물로 개발되지 않으니 이 부분은 별다른 어려움이 없다. 그런데 약물이 표적 조직까지 배달되는 과정이 생각보다 쉽지 않다. 화학합성의약품은 약이 작용하기를 원하는 신체 부위에만 선택적으로 이송되지 않기 때문이다. 가령 어떤 환자가 폐암을 치료하기 위해 항암제를 복용했다고 가정해 보자. 환자가 항암제를 삼키면 항암제는 소화기관을 거쳐 혈액으로 흡수되는데, 흡수된 항암제는 혈액 중에 고르게 분포되어 온몸을 순환한다. 사용자가 폐에 있는 암 조직에만 반응하기를 원하는 항암제라고 해서 해당 약물이 폐에만 모여 있지는 않는다는 뜻이다.

이해를 돕기 위해 좀 더 일상적인 예시를 떠올려 보자. 여름철 불청객 모기를 잡기 위해 '뿌리는 모기약'을 사용해 본 경험이 한 번쯤은 있을 것이다. 뿌리는 모기약의 목표물은 당연히 모기지만, 방 안에 모기약을 뿌린다고 해서 모기약이 모기 근처에만 고농도로 농축되지는 않는다. 모기약은 공기 중에서 천천히 확산되어 방 전체에 균일하게 퍼질 뿐이다. 따라서 방 어딘가에 있을 모기에게도 모기약이 영향을 미치려면 충분히 뿌려서 방 안의 평균적인 모기약 농도를 일정 수준 이상으로 높여야만 한다. 다시 말해, 약물의 투여 용량을 늘려야 한다는 뜻이다. 그렇지만 모기약을 진하게 뿌리면 뿌릴수록, 모기뿐만이 아니라 방 안에 있는 사람도 덩달아 괴로움을 느끼게 된다.

약물도 비슷하다. 앞에서 예시로 든 항암제의 효과를 높이기 위해 항암제 투여량을 늘리면, 폐 외의 다른 조직에도 고농도로 약이 퍼져 나가게 된다. 따라서 항암제가 작용하길 원치 않았던 다른 조직도 약에 반응하는 부작용이 발생하게 된다. 물론 일반적인 의약품은 표적 조직 외의 다른 조직에 들어간다고 해서 특별한 피해를 유발하진 않는다. 그렇지만 표적 조직에 대한 특이성이 떨어지는 것은 화학합성의약품의 본질적인 문제이고, 항체

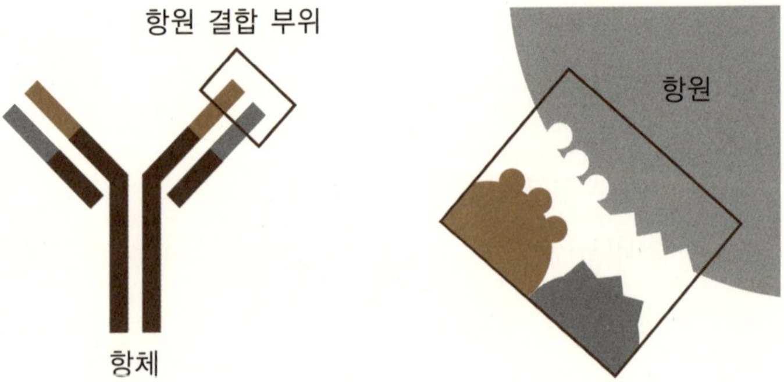

그림 4-1 항체와 항원의 결합
항원과 항체가 결합하면 항원-항체 복합체가 형성된다.

의약품은 정확히 이 지점을 노리고 개발됐다.

항체의약품에 대해 이해하려면 먼저 항체antibody를 알아야 한다. 항체는 원래 인체의 정상적인 면역 반응에서 관찰되는 우리 몸의 면역세포들이 분비하는 물질 중 하나이다. 우리 몸에 외부에서 침입한 외부 물질인 항원antigen이 침입하면, 면역세포는 이를 인식하고 여기에 짝이 맞는 항체를 생성하게 된다. 작동 방식은 이렇다. 항체는 알파벳 Y자 형태의 단백질로 구성되어 있는데, Y자의 위쪽 양 끝단 2개가 항체에서 가장 중요한 부위인 항원 결합 부위이다. 이 2개의 항원 결합 부위가 짝이 맞는 항원을 만나면, 항원과 항체가 결합하여 항원-항체 복합체를 형성하게 된다. 얼핏 들으면 복잡해 보이지만, 열쇠(=항원 결합 부위)가 짝이 맞는 자물쇠(=항원)에 결합하는 것과 별로 다르지 않은 과정이다. 단지 항체의 구조상 하나의 항체에는 2개의 항원 결합 부위(Y자의 위쪽 양 끝단)가 있고, 이는 똑같은 열쇠 2개가 하나의 열쇠고리(Y자의 아래쪽 몸통)에 묶여 있는 것과 같다.

이렇게 면역세포에서 분비된 항체는 혈액을 타고 이동하다가 짝이 맞는 항원을 발견하면 그 부위에 정확하게 결합하여 항원-항체 복합체를 형성하고, 항체가 결합된 항원은 본래의 제 기능을 상실하게 된다. 외부에서 침입한 적을 무력화시키는 인체의 유도미사일인 셈이다. 앞서 살펴봤듯, 화학합성의약품은 태생적으로 목표 조직에 대한 특이성이 떨어진다. 그렇다면 항원에 대한 매우 높은 특이성과 대상을 무력화시키는 특성을 가진 항체를 이용해서 의약품을 만든다면 어떨까? 이런 관점에서 개발되기 시작한 것이 최근 바이오의약품 열풍을 불러일으킨 항체의약품이다.

항체의약품은 인체의 신호전달을 차단한다

항체의약품이 항체의 특이성을 이용하는 방식은 크게 두 가지다. 첫 번째는 원래 항체가 체내에서 수행하는 역할인 면역 기능을 수행하도록 하는 것이다. 면역세포가 항체를 분비하는 이유는 외부에서 침입한 미생물을 항체로 무력화하기 위해서인데, 면역계가 침입한 미생물을 분석해서 그에 맞는 항체를 생성하는 데는 약 7일에서 10일 정도의 시간이 걸린다. 그사이에 감염이 심각하게 진행된다면 사망에도 이를 수 있으므로, 아예 인체 외부에서 직접 미생물에 맞는 항체를 만들어 체내에 넣어 주는 방식으로 감염을 막는 방법이 고안된 것이다. 최근 가장 대표적인 예시가 미국의 도널드 트럼프 대통령이 코로나19 확진 후에 맞았던 리제네론Regeneron, NASDAQ:REGN사의 항체치료제이다. 물론 이런 방식의 항체치료제가 코로나19와 같은 위험한 감염병에만 사용되는 것은 아니다. 가령, 임신부가 B형 간염이 있는 경우에는 출산 시에 신생아에게 B형 간염을 옮길 수 있는데, 아직 면역 기능이 제대로 발달하지 못한 신생아에게는 B형 간염 바이러스를 막을 능력이 없으므로 외부에서 B형 간염 바이러스에 대한 항체를 투여해 주어야 한다. 항체치료제는 이미 많은 곳에서 쓰이고 있다.

두 번째는 항체를 이용해 인체의 기능을 조절하는 방식으로, 흔히 이야기하는 바이오의약품의 절대다수가 이 범주에 해당한다. 감염을 제외한 인체의 질병은 특정 기능이 지나치게 많이 발현되거나, 특정 기능이 지나치게 과소하게 발현되어 생기는 경우가 대부분이다. 후자의 경우는 해당 기능을 수행할 수 있는 물질을 직접 공급하는 방식으로 해결할 수 있다. 가령 체내에 혈당을 낮추는 기능을 수행하는 인슐린이 부족한 경우에는 인슐린을 직접 공급하면 되는 식이다.

그런데 특정 기능이 지나치게 많이 발현된 경우에는 과잉 발현된 기능을 차단해야 한다. 하지만 기존 화학합성의약품은 표적특이성이 부족해 이런 역할을 제대로 수행하기가 어려웠다. 그래서 항체의 높은 표적특이성을 이용해 억제하고자 하는 목표를 정확하게 차단하는 항체의약품이 개발된 것이다. 다양한 바이오의약품이 이 분야에 속하지만, 가장 눈부신 성과 중 하나를 꼽으라면 3장의 '사례노트'에서 소개했던 면역항암제가 대표적이다.

앞서 면역항암제에는 제한점이 있다고 소개했다. 암세포에 특정한 수용체가 발현되어 있어야만 약이 효과를 볼 수 있다는 것인데, 이 수용체는 암세포에서 무척 특별한 기능을 수행한다. 우리 몸의 면역세포는 망가진 세포를 제거하는 청소부의 역할도 맡고 있는데, 마찬가지로 암세포도 이상이 생긴 세포의 일종이므로 원칙적으로는 면역세포에 의해 제거되어야 한다. 그런데 특정 암세포들은 면역세포에 신호를 보내 자신에 대한 공격을 억제하는 특수한 수용체를 가지고 있다. 면역세포의 자연적인 공격을 회피하는 것이다. 덕분에 암세포는 몸속에서 끝없이 증식할 수 있는데, 암세포의 해당 수용체에 정확히 결합해서 공격 억제 기능을 망가트리는 항체를 투여하면 우리 몸의 면역세포가 다시 암세포를 공격할 수 있게 된다. 이것이 바로 면역항암제의 개념이다.

항체의약품의 다수가 면역항암제와 같은 항암제이긴 하지만 실제 항체의약품의 활용 범위는 그보다 훨씬 넓다. 가령 특허 만료 전에 전 세계 의약품 매출 최상위권에 속해 있던 바이오의약품 레미케이드Remicade®는 자가면역 질환을 치료하기 위해서 개발된 약이다. 레미케이드®의 작용 원리는 이렇다. 몸에서 염증을 발생시키는 데 중요한 역할을 하는 수용체인 TNF-α에 결합해서, 수용체 기능을 차단하는 항체를 넣어 주면 염증을 감소시킬 수 있다는 것이다. 이 덕분에 마땅한 치료제가 없던 류머티스성 관절염, 크론병, 염증성 장 질환 같은 자가면역 질환 치료에 대한 획기적인 돌파구가 마련되었다.

최근에는 알츠하이머성 치매를 치료하기 위해 항체치료제를 개발하려던 시도도 성공했다. 바이오젠Biogen, NASDAQ:BIIB에서 개발한 아두카누맙aducanumab이라는 항체치료제는 치매를 발생시키는 과정에 관여하는 것으로 알려진 뇌 내의 단백질 베타아밀로이드β-amyloid에 결합해 이를 제거하는 방식으로 작동한다. 아두카누맙은 2020년 연말 FDA 외부 자문위원회에서 부정적인 평가를 받아 승인이 미뤄지긴 했지만, 2021년 6월 세계 최초로 치매 치료제 허가를 받는 데 성공했다. 항체의 표적특이성을 이용하는 방식으로 암, 자가면역 질환뿐만이 아니라 심지어 알츠하이머성 치매의 치료까지 성공한 것이다. 이렇게 장점이 많은 항체의약품이지만 그리 쉽게 개발되지 않는 데에는 그만한 이유가 있다.

바이오의약품 개발의 최대 난관: 스크리닝과 최적화

앞서 살펴봤듯, 원래 항체는 면역세포가 외부 침입자를 격퇴하려고 분비하는 물질이다. 면역세포가 특정한 항원을 마주하면 이에 짝이 맞는 항체를 형성하고, 분비된 항체는 짝이 맞는 항원에 결합해 항원을 무력화시킨다. 이 설명을 듣고 나면, 독자들께서는 아마 머릿속에 이런 장면을 떠올리실 테다. 면역세포가 항원을 만나면, 마치 재단사가 맞춤복을 만들 듯, 항원에 꼭 맞는 형태의 항체를 만들어서 내놓을 것 같지 않은가? 일반적인 교양 수준에서의 과학 서술로는 이 정도로도 충분하겠지만, 엄밀하게 말하면 이 설명은 틀렸다.

실제로 항체가 만들어지는 방식은 재단사가 맞춤복을 만드는 것보다는 동화《신데렐라》에서 왕자가 유리구두를 들고 왕실 무도회에서 만났던 그녀를 찾는 것과 비슷하다. 우선 유리구두에 발이 어느 정도 맞는 여성들을 모으고, 다시 그 안에서 유리구두가 발에 더 잘 맞는 여성들을 추리고, 다시 또 추리는 과정을 반복하다 보면 결국은 유리구두가 발에 꼭 맞는 신데렐라를 찾게 된다. 항체도 이와 비슷한 과정을 거친다. 왕국에 있는 여성들의 발 모양이 제각기 조금씩 달라 무수히 많은 종류의 발이 존재하는 것처럼, 면역세포들이 가진 항체•도 가짓수가 매우 많다. 따라서

• 정확하게는 항체가 아니라 면역세포 표면에 존재하는 수용체다. 만약 그 수용체가 항원에 잘 결합한다면, 해당 면역세포는 항체를 형성하는 세포로 변화해 자기가 가진 수용체와 똑같은 항원 결합 부위를 가진 항체를 만든다. 따라서 이 선택 과정은 본질적으로 항체를 선택하는 것과 큰 차이가 없으므로, 본문에서는 독자의 이해를 돕기 위해 그냥 항체라고만 표현했다.

특정한 항원에 결합할 수 있는 항체를 가진 면역세포는 인체 내에 이미 존재하고 있다. 단지 면역계가 정확히 그 면역세포를 찾아내고, 그 면역세포가 가진 항체를 대량생산해야 할 뿐이다. 이 과정을 '클론 선택clonal selection'이라고 하는데, 굳이 이 정도로 깊이 있는 얘기를 꺼낸 이유는 항체의약품을 만들기 위해 제약사도 저 과정을 그대로 밟아야 하기 때문이다. 그것도 훨씬 더 어려운 방식으로 말이다.

제약사에서 항체를 의약품의 형태로 개발하려면, 대략 세 단계를 거쳐야 한다. 첫 번째는 목적하는 항원에 짝이 맞는 항체를 찾아내는 과정이다. 두 번째는 짝이 맞는 항체를 생성하는 유전자를 찾아내는 것이고, 세 번째는 그렇게 찾아낸 유전자를 목적하는 항원에 가장 잘 결합하는 형태로 개선하는 최적화optimization 과정이다. 이 모든 단계를 마치면 최적화된 유전자를 단백질 대량합성이 가능한 세포에 옮겨 심어야 하는데, 이 과정은 5장에서 다시 다루겠다.

우선 첫 번째 단계는 생각보다 무척 간단하다. 고정된 판에 우리가 원하는 항원을 붙여 놓고 항체 혼합물을 부어 주면 항원에 짝이 맞는 항체만 판에 남고 나머지는 세척 과정에서 제거되기 때문이다. 그렇지만 두 번째 단계에서 약간 문제가 생긴다. 앞서 살펴봤듯이, 면역세포는 항체를 '분비'한다. 따라서 항원에 짝이 맞는 항체를 찾더라도, 그 항체를 분비한 면역세포가 어떤 것인지는 알 수가 없다. 항체와 그 항체를 만드는 유전자가 물리적으로 분리되어 있으니 기껏 짝이 맞는 항체를 찾아도 그 항체를 만드는 유전자는 찾을 수가 없는 것이다.

이 문제를 해결하기 위해 제약사들은 약간 무식한 방법을 동원했다. 인체 면역세포가 가진 항체 유전자를 종류별로 모두 다 꺼낸 다음 이를 데이터베이스화해서 저장•해 둔 것이다. 이렇게 모을 수 있는 항체 유전자의 가짓수는 최대 10^{10}개. 그 모든 유전자를 다양한 방식으로 항체와 연결 짓고, 앞서 설명한 방법으로 목적하는 항원에 결합하는 항체-유전자 조합을 찾아내야 한다. 비유가 아니라 정말로 모래밭에서 바늘을 찾아야 하는 것이다. 이 끔찍하게 방대한 탐색 과정을 스크리닝Screening이라고 부르는데, 스크리닝 과정을 거치면 목적 항원과 어느 정도 짝이 맞는 몇 가지 항체 유전자를 얻을 수 있다. 이제 원하는 초기 상태의 항체를 찾았으니, 최적화를 진행할 차례이다.

• 이런 데이터베이스를 항체 라이브러리antibody library라고 부르는데, 바이오의약품을 개발한다는 제약회사 혹은 바이오벤처가 실제로 그런 개발을 할 수 있는 역량이 있는지를 가늠하는 간접적인 판단 지표로 사용할 수도 있다. 양질의 항체 라이브러리를 갖고 있지 않은 회사가 바이오의약품을 개발한다고 하면 주가를 올리기 위한 지나친 과장이거나 악질적인 사기라고 봐도 큰 문제가 없다.

어느 정도 목적하는 항원에 결합할 수 있는 항체를 얻는 것에는 성공했지만, 이렇게 얻은 항체들은 보통 날 것 그대로 의약품으로 사용하기에는 어려운 상태이다. 항체를 목적하는 항원에 더 잘 결합하게 만들려면 어떻게 해야 할까? 가장 무식한 방법은 더 잘 결합하는 항체가 나올 때까지 스크리닝을 계속하는 것이다. 그렇지만 이 방법은 시간과 비용이 너무 많이 들고, 현재 찾은 것보다 더 잘 결합하는 항체를 찾을 수 있다는 명확한 보증이 없다. 따라서 현실적인 방법은 골라낸 항체의 유전자를 조금씩 바꿔서 다시 다양한 항체를 만든 다음, 이들을 이용해 소규모 스크리닝을 반복하는 것이다.

예를 들어 처음 찾은 항체가 ■■■■■ 유전자를 갖고 있다면 □■■■■, ■□■■■, ■■□■■ 등의 기본적 골격은 같지만 약간의 변이가 발생한 새로운 항체들을 만들어 이들을 대상으로 다시 스크리닝을 진행하는 것이다. 말로 들으면 쉬운데, 실제로는 생각만큼 잘 진행되지 않는다. 아직까지도 유전자 서열 변화에 따른 최종 단백질 구조를 명확하게 예측하기가 힘들기 때문이다. 유전자 서열 하나를 살짝 바꿨는데 전혀 엉뚱한 단백질로 변하기도 하고, 오히려 목적 항원에 대한 결합력이 떨어지는 경우도 많아서 이런 최적화 과정을 제대로 진행하려면 굉장히 높은 수준의 연구 인력들이 필요하다. 표적특이성이 항체의약품의 강점이지만, 이를 달성하는 건 결코 쉬운 일이 아니다.

4장에서 간략하게나마 바이오의약품, 특히나 항체의약품의 개발 과정을 설명했다. 투자와 크게 관련 없어 보이는 기술적인 이야기를 굳이 길게 늘어놓은 건 바이오의약품에 거는 기대와 전망이 큰 것과 별개로 그 개발 과정이 매우 험난하다는 것을 투자자들이 꼭 알아야 하기 때문이다. 바이오 분야가 꿈을 먹고 사는 분야라는 말을 많이 하지만 현실은 그리 녹록지 않다. 특정한 질환을 치료하기 위해 인체의 어느 수용체를 차단할지를 결정하는 것도 쉬운 일은 아닌데, 그 수용체에 꼭 맞는 특이성 높은 항체를 얻는—힘겹고 돈 많이 먹는—과정은 달콤한 비전만 말하는 IR 자료에 절대 나오지 않는다. 게다가 앞서 소개한 과정은 신약개발의 진짜 관문인 임상시험은 시작도 하지 않은 임상시험 전 개발 단계에 불과하다. 국내외를 막론하고 기술과 비전만을 이야기하며 상장에 성공한 많은 바이오테크 기업biotech company이 개발 과정에서 막대한 비용을 쏟고도 별다른 성과를 내지 못하다가 자본잠식 상태에 빠지는 이유이기도 하다. 회사가 내거는 화려한 비전도 중요하겠지만, 이를 구체적으로 실행할 만한 기술적, 인적 역량이 있는지를 투자 전에 제대로 확인하지 않는다면 그 투자는 실패할 가능성이 크다. 바이오의약품 개발의 핵심은 항체와 관련된 기술임을 꼭 명심하자.

사례노트

레고켐바이오와 ADC

이번 장에서 항체의약품의 장점과 그 개발 과정을 간략히 살펴봤다. 그런데 최근에는 항체의 표적특이성을 이용하되, 기존과는 전혀 다른 접근을 취하는 형태의 바이오의약품도 개발되고 있다. 항체-약물 복합체antibody drug conjugate, ADC• 라는 복잡한 명칭의 약물인데, 이름은 어려워 보여도 원리는 단순하다. 항체의약품의 높은 표적특이성이라는 장점과 전통적인 화학합성의약품이 가지고 있는 범용성을 결합해 최대한의 효과를 내자는 것이다.

ADC에서 항체는 일반적인 바이오의약품에서처럼 인체 기능을 조절하는 목적으로 사용되는 것이 아니라 단순히 약을 원하는 부위에 전달하는 수송체 역할만 수행한다. 실제로 약효를 나타내는 것은 항체에 붙어있는 특수한 화학합성의약품이다. 이런 화학합성의약품은 링커

- 국문 번역어가 너무 긴 탓에 국내 업계나 투자 시장에서도 영문 약어인 ADC를 더 많이 사용하고 있다.

linker라는 연결체를 통해 항체에 연결되어 있는데, 표적 부위에 도달하면 링커가 끊어지면서 화학합성의약품이 항체에서 분리되어 표적 조직에 도달하게 된다.

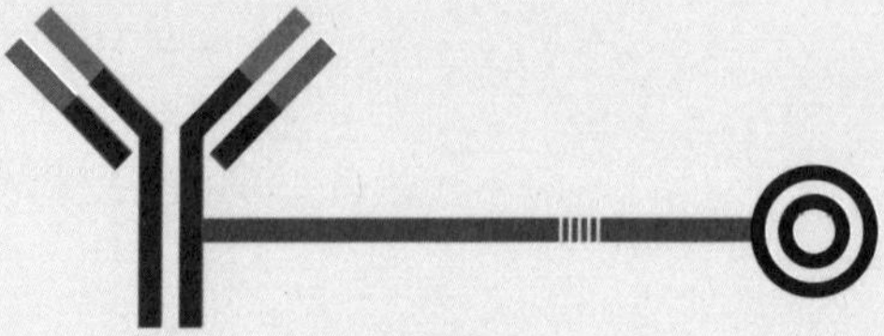

핵미사일에서 폭발을 일으키는 핵심 부분인 탄두와 이를 목적지까지 발사해 주는 추진체 부분인 미사일에 빗대어 항체에 결합 된 화학합성의약품을 탄두warhead 혹은 톡신toxin이라고 부르기도 하는데, 현재 개발되는 ADC들이 대부분 항암제이다 보니 실제로도 항체에 연결되는 화학합성의약품은 강력한 세포 독성을 가진 경우가 많다. 그냥 몸에 투여했을 때는 암세포가 아닌 다른 세포에도 부수적인 피해를 줄 수 있지만, 항체를 통해 정확히 암세포에 전달되면 다른 조직에 피해를 주지 않으니 매우 강력한 항암 효과를 내면서도 부작용을 줄일 수 있는 것이다. 아직은 초기이긴 하지만 ADC의 개념이 실현된 덕분에 기존에 외면받던 화학합성의약품들이 다시 재조명받기 시작했으며, 항체의약품의 뒤를 이을 차세대 바이오의약품으로 주목받고 있다. 국내 기업 중에도 글로벌 수준에서 ADC에 두각을 나타내고 있는 기업이 있으니 바로 레

고켐바이오KOSDAQ:141080이다.

ADC의 구성요소 셋 중 가장 기술적인 핵심 부위는 링커라고 할 수 있다. 링커가 중요한 이유는 크게 두 가지다. 첫 번째로 링커는 표적 부위에서 정확히 끊어져야 한다. 링커가 표적 부위가 아닌 곳에서 쉽게 끊어지면 연결된 톡신은 암세포가 아닌 의도하지 않은 다른 조직에 작용하게 되고, 그로 인해 심각한 부작용이 나타날 수 있다. 반대로 링커가 표적 부위에 도달해서도 끊어지지 않는다면 ADC는 의약품으로 기능할 수가 없다. ADC의 부작용과 효과가 모두 링커가 얼마나 표적 부위에서 선택적으로 끊어지냐에 달려 있다.

링커가 중요한 두 번째 이유는 항체에 링커를 연결하는 과정 그 자체에 있다. 링커가 항체의 정해진 부위에 결합하는 게 아니라 무작위로 결합하는 경우, 같은 수의 항체와 링커를 넣어 주더라도 하나의 항체에 여러 개의 링커가 결합하거나 아예 하나도 결합하지 않은 항체가 나오는 등 품질이 들쭉날쭉하는 문제가 생긴다. 레고켐바이오에서 개발한 링커는 두 가지를 문제를 모두 해소했다. 항체에 결합 영역을 별도로 만들어 그 자리에만 링커를 붙이고, 링커의 선택적 끊김 문제 역시 목적하는 세포 내부에서만 끊어지는 링커를 개발함으로써 해소하였기 때문이다. ADC 시장이 성장함에 따라 레고켐바이오가 국내 바이오기업 중 가장 큰 수혜를 입을 것으로 기대되는 이유다.

05

바이오의약품 생산은 초미세 목축업

4장을 통해 항체의약품 개발 과정을 살펴봤다. 수많은 항체 후보들을 스크리닝하고, 이를 다시 최적화해서 의약품 후보로 쓸 수 있는 항체를 찾아냈다면 다음 차례는 이를 대량생산하는 것이다. 1장에서 살펴봤듯, 전통적인 화학합성의약품은 정해진 규격에 맞는 설비를 갖춘 공장에서 만들어진다. 물질을 합성하기 위한 원료를 합성 설비에 넣고, 반응 조건을 맞춰주고, 결과물을 분리해서 정제하면 원하는 의약품이 얻어지는 단순하고 명쾌한 방식이다. 그런데 바이오의약품은 이와는 좀 다른 방식으로 만들어진다. 엄격한 기준에 부합하는 설비를 갖춘 공장에서 생산된다는 점은 같은데, 실제로 과정을 뜯어 보면 바이오의약품 생산은 제조업이라기보단 일종의 목축업에 가깝다. 단지 가축이 아주 작을 뿐.

바이오의약품 생산의 본질은 목축업

소고기 100g을 생산하려면 어떻게 해야 할까? 요즘은 배양육이라는 대안이 시도되고 있긴 하지만 최근까지만 해도 유일한 방법은 소를 직접 키우는 것뿐이었다. 단지 소고기뿐만이 아니라 많은 단백질성 물질은 생물 외부에서 합성하는 것이 불가능하다.* 가령 당뇨병 환자들이 맞는 인슐린은 단백질로 구성된 호르몬이다. 인슐린을 얻자고 소를 사육하듯 사람을 사육할 수는 없는 노릇이니, 과거에는 인슐린을 얻을 마땅한 방법이 없었다. 그래서 사람의 소변으로 배출되는 극소량의 인슐린을 포집하거나, 돼지의 췌장에서 돼지 인슐린을 분리하는 것이 사실상 유일한 인슐린 획득 방법이었다. 당연히 생산 단가가 매우 높았고, 당뇨병을 앓는 사람들은 인슐린 주사를 맞으려면 막대한 비용을 지출해야 했다.

이를 해결해준 것이 유전자 재조합genetic recombination 기술이다. 초기에 개발된 것은 목적하는 단백질을 대장균에서 생산하는

* 일부 기술적으로 가능한 경우들은 있지만, 대규모 생산이 불가능하고 비용이 많이 들어 산업적으로 이용하기에는 거의 불가능하다. 지우개 가루에 묻은 연필 가루를 모아서 굳히면 연필심을 만들 수는 있지만, 아무도 그런 짓을 하지는 않는다. 그 비용보다 연필 가격이 훨씬 싸기 때문이다.

방법이었는데, 차례대로 풀어 설명하면 이렇다. 대장균을 비롯한 살아 있는 모든 생명체는 생존을 위해 자신의 유전자에 기록된 다양한 단백질을 합성한다. 그런데 여기에 슬쩍 다른 단백질 유전자를 끼워 넣는다면 어떨까? 뻐꾸기가 다른 새의 둥지에 알을 몰래 낳아 두면 다른 새가 그 알을 품고 부화시켜 끝까지 키우는 것처럼, 대장균 유전자에 목적하는 단백질의 유전자를 끼워 넣으면 대장균은 기계적으로 그 단백질을 생산한다. 미국 제약사 일라이릴리Eli Lilly, NYSE:LLY•는 세계 최초로 이 방식을 이용해 인슐린을 대량생산하는 데 성공했다. 농부들이 소를 키워서 우유를 얻듯이 인슐린 유전자를 넣은 대장균을 키움으로써 인슐린 대량생산의 길을 연 것이다.

인류가 의약품용 단백질을 생산하기 위해 처음 선택한 '가축'이 대장균인 데는 몇 가지 이유가 있다. 첫 번째는 키우기가 무척 쉽다는 것이다. 대장균은 특별히 고가의 배양용액을 사용하지 않더라도 빠르게 잘 자라고, 환경이 조금 변하더라도 생장에 크게 영향을 받지 않는다. 그래서 생산 설비를 갖추는 게 그다지 어렵지 않고, 생산 비용도 상대적으로 낮고, 목적 단백질을 생성할 수 있는 상태까지 키우는 데도 시간이 오래 걸리지 않는다. 이는 곧

• 현재도 세계 인슐린 시장은 덴마크의 노보 노디스크, 미국의 일라이릴리, 프랑스의 사노피가 과점하고 있는 상태다.

두 번째 이유인 평균적인 생산 단가가 저렴하다는 것과도 긴밀하게 연결된다.

세 번째는 조금 특별한 이유인데, 대장균은 세계에서 가장 많이 연구된 세균 중 하나이다. 당연히 대장균의 유전적 특징에 대해서도 매우 많은 연구가 진행됐고, 이 덕분에 대장균 유전자 조작은 생물학을 전공하는 학부생도 쉽게 시행할 수 있을 정도로 쉬워졌다. 목적하는 유전자를 대장균에 넣기도 쉽고 대장균 자체를 유전적으로 개량하기도 쉬우니, 대장균은 단백질을 산업적으로 생산하는 데 상당히 매력적인 선택지다. 그렇지만 명확한 한계도 있다. 대장균은 인간 세포와 단백질을 생성하는 방식이 달라서 대장균에서 생산된 단백질은 인간의 몸에서 생성된 단백질과 차이가 나타난다. 특히나 단백질의 구조가 복잡하거나 단백질의 크기가 큰 경우 차이점이 두드러지게 되는데, 애써 생산한 단백질이 인체에서 만들어지는 것과는 구조가 달라 아무런 생물학적 활성을 나타내지 못하는 경우도 더러 있다.

최근에는 인슐린과 같은 비교적 단순한 구조가 아닌, 항체와 같은 복잡한 구조의 단백질 생산이 주류가 되면서 세균 대신 인간과 유사한 동물 세포에서 단백질을 생산할 필요성이 점점 커졌다. 이런 문제점을 해결하기 위해 등장한 것이 중국 햄스터 난소Chinese Hamster Ovary, CHO 세포다.

표 5-1 대장균 플랫폼과 CHO 세포 플랫폼의 비교

	대장균 플랫폼	CHO 세포 플랫폼
생산 시간	짧다	길다
외부오염 위험	낮다	높다
생산 비용	낮다	높다
대형 단백질	생산 불가능	생산 가능

이름에서 알 수 있듯, CHO 세포는 햄스터 난소에서 유래했다. 원래는 동물 세포의 유전 연구를 위해 많이 사용되던 세포였는데, 대장균만큼은 아니지만 다른 동물 세포에 비해서는 상대적으로 잘 자란다는 점과 유전적인 연구가 많이 진행된 동물 세포라는 점에서 장점이 있어 바이오의약품 생산을 위한 플랫폼으로 채택되었다. 그렇지만 문제는 비용이다. 동물 세포라서 인간과 유사한 단백질 합성 과정을 가진다는 장점을 제외하면, 배양 조건은 물론이고 배양용 설비와 배양 시간 등에서 대장균과는 비교하기 힘들 정도로 막대한 자원 투입이 필요하고, 키우기도 무척 까다로운 세포이다.

생산 규모와 생산되는 의약품의 종류에 따라 생산 단가가 달라지므로 단순 비교를 하긴 어렵지만, CHO 세포에서 단백질을 생산하는데 드는 단위 비용은 대장균에서 단백질을 생산하는 비용의 최대 10-15배 정도로 추정된다. 이를 벌충하기 위해서는 생

산 규모를 막대한 수준으로 키워서 단위생산비를 낮춰야 하는데, 동물 세포 배양을 위한 생산 설비는 중소 제약사에서 감당하기 어려울 만큼 초기 비용이 많이 든다. 가령 국내에서 대표적인 바이오의약품 위탁생산 기업인 삼성바이오로직스KOSPI:207940가 비교적 빠른 기간 내에 세계 1위 수준의 생산 역량을 갖춘 건 모그룹인 삼성 그룹의 자금력이 없었다면 불가능했을 일이다. 어찌됐건 막대한 비용이 드는 설비를 갖추는 데 성공했다면, 드디어 '목축'을 시작할 때다.

생산 조건이 바뀌면 제품도 바뀐다

바이오의약품 생산을 목축에 빗댄 것은, 살아 있는 생명체를 키워서 그 생명체가 만들어 내는 산물을 얻는다는 단순한 이유 때문만이 아니다. 바이오의약품 생산이 일반적인 화학합성의약품 생산 과정과 본질적으로 다른 부분은 생산되는 결과물이 생산 조건에 따라 조금씩 달라진다는 점이다. 우리가 흔히 마시는 우유를 떠올려 보면 이해가 빠를 텐데, 국내에서 생산되는 우유는 대부분 홀스타인holstein이라는 품종의 젖소가 생산하고 있다. 그런데 같은 품종의 젖소를 키워 우유를 생산한다고 하더라도 젖소가 자란 장소와 평소에 먹는 먹이, 기온, 계절 등 다양한 요인에 따라 우유의 성분이나 품질은 조금씩 차이가 있을 수밖에 없다. 젖소 한 마리만 고려해도 그럴 텐데, 목장 전체에서 키우는 젖소에서 얻어진 우유를 모두 비교하면 어떨까? 넓게 보면 모두 '우유'라는 범주에 들어가긴 하겠지만, 엄밀하게 따져 봤을 때 이들을 모두 같은 우유라고 할 수는 없다.

바이오의약품 생산은 이보다 더 어려운 상황에 직면한다. 1mL에 '젖소'가 200만 마리 정도 들어가는 밀도로 1,000L짜리 통을 가득 채운다면, 그 모든 '젖소'들이 생산한 '우유'를 모았을 때 이를 하나의 균질한 물질이라고 말하긴 힘들다. 물론 바이오의약품 생산을 위해서는 젖소보다 훨씬 유전적으로 균일한 세포를 사용하고, 외부 환경적 요인에 영향을 받지 않도록 성장 조건을 엄격하게 통제한다. 그렇지만 같은 배양기 내에서도 개별 세포가 모두 동일한 조건에 있다고 보긴 어렵고, 세포에서 이루어지는 단백질 생산 과정의 본질적 특성 때문에 발생하는 약간의 변이는 결코 교정할 수 없는 오차로 존재한다. 그래서 바이오의약품은 어떤 방식으로 제조하건 일종의 '혼합물' 형태로 얻어지게 된다. 다만 가장 주된 형태의 단백질이 압도적인 다수를 차지하고, 그와 비슷하거나 약간 다른 형태의 단백질이 일부 포함된 정도일 뿐이다.

구체적인 예시로서 다음 그래프를 한 번 살펴보자. 그래프 A는

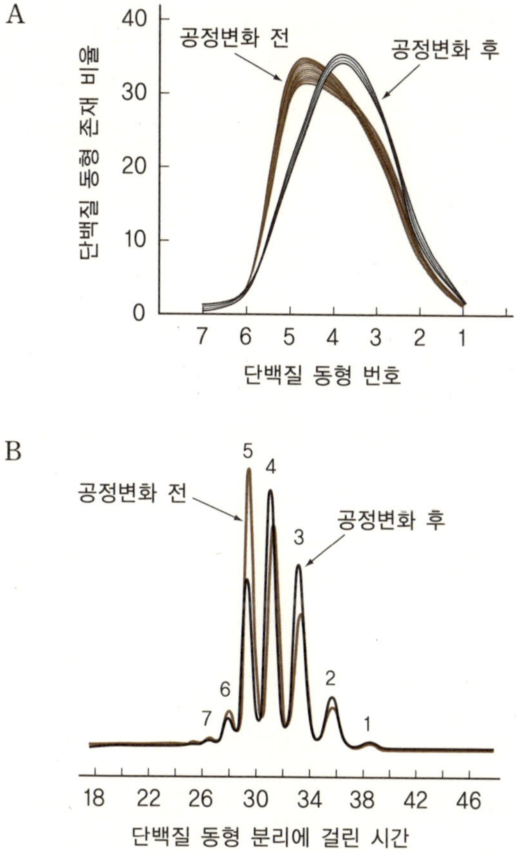

그림 5-1 바이오의약품 공정변화 전후 차이(A, B)

다베포에틴 알파darbepoetin alfa라는 바이오의약품의 공정변화 전 후의 차이를 나타낸 것인데, 공정변화 전의 18회의 생산(갈색 선)과 공정변화 후의 4회의 생산(검은색 선)을 비교한 것이다. 눈으로 어림짐작하는 것과 비슷하게 약간의 공정변화가 있었어도 큰 차이는 없다. 그렇지만 구조가 유사한 단백질 동형isoform• 중 어떤 것이 다수를 차지하는지는 확연히 차이가 난다. 그래프 B에서 알 수 있듯, 그래프의 중심이 오른쪽으로 한 칸 정도 이동했다. 공정 변화 전에는 단백질 동형 5번이 가장 많았지만, 공정변화가 이루어지자 단백질 동형 4번이 가장 많아지게 되었다.

우리가 흔히 마시는 우유라면, 이런 변화가 큰 영향을 미치지는 않을 가능성이 크다. 영양학적으로도 어차피 분해되어 아미노산으로 흡수되니 차이가 없을 테고, 마셨을 때의 식감이라던가 요리에 재료로 사용했을 때도 유의미한 변화가 나타난다고 보긴 어렵다. 그런데 의약품으로 사용할 때는 이런 사소한 변화도 문제를 일으킬 수 있다. 가령 단백질 동형끼리는 구조가 유사하지만, 실제로 약효를 내는 데 핵심적인 것이 단백질 동형 5번이었다면 어떨까? 의약품 허가를 받을 때는 기존 공정으로 생산된 바이오의약품을 사용했으니 혼합물 중 5번이 가장 많았다. 따라서 해당 바이오의약품이 약효가 있다고 나왔을 텐데, 공정을 바꾼 후에는 5번이 감소하고 4번이 증가했다. 그렇다면 바뀐 공정에서 생산된 바이오의약품은 같은 세포로 같은 공장에서 생산한 단백질이지만, 약효의 차이가 발생할 수도 있는 것이다.

• 크기와 기능은 유사하지만 구조에서 약간의 차이를 보이는 다른 단백질을 말한다.

이런 점 때문에 미국 FDA나 유럽 EMA 같은 주요 의약품 규제 기관은 바이오의약품의 허가 시에 생산 공정에 대한 사항도 허가 절차에 반드시 포함하고 있다. 특히나 바이오의약품의 특성상 매번 생산할 때마다 공정이 변하지 않더라도 조금씩의 변동은 발생하므로, 이들 데이터를 적극적으로 수집해서 보고하는 절차도 갖추고 있다. 예를 들어, 공장을 이전하거나 공정을 변화시키는 경우에도 변화 전후의 데이터를 제출해서 약효에 유의미한 변화가 생기는지를 확인토록 하고 있다.

그래서 업계 내에서는 바이오의약품은 "공정이 곧 제품"이라는 극단적인 표현까지도 나온다. 생산 설비를 갖추기도 까다롭고 돈이 많이 들지만, 실제로 생산된 바이오의약품의 품질을 일정하게 유지하고 관리하는 데도 적잖은 노력이 드는 셈이다. 게다가 이런 규제는 또 다른 진입장벽도 만들어 냈다. 오리지널 바이오의약품의 특허가 만료되더라도 이에 대한 복제약의 출시를 무척 까다롭게 막아 버린 것이다.

바이오시밀러, 바이오베터의 필연적 탄생

2장에서 의약품 제조업은 '특허'에 기반한 독특한 시장이라는 사실을 살펴봤다. 특허가 유지되는 기간에는 오리지널 약을 개발한 제약사가 막대한 초과이윤을 얻을 수 있지만, 특허가 만료되면 복제약인 제네릭의약품이 출시되어 해당 의약품의 가격이 낮아지고 일반 환자들의 접근성도 높아진다. 그런데 일반적인 화학합성의약품과 달리 바이오의약품은 전혀 새로운 방식의 허가 절차를 거쳐야만 바이오의약품 버전의 제네릭, 실제로는 제네릭과 아예 다른 개념이라고 할 수도 있는 바이오시밀러biosimilar를 허가받을 수 있다.

오리지널 제약사 측의 논리를 옮기자면 이렇다. 앞서 설명했던 것처럼 바이오의약품은 생산 공정이 동일하더라도 생산할 때마다 미세한 편차가 생기는 매우 민감한 제품이다. 그런데 아예 다른 회사에서 개발하고 전혀 다른 공장에서 생산한 바이오의약품이, 과연 허가 절차를 밟은 오리지널 바이오의약품과 '같다'고 할 수 있냐는 것이다. 화학합성의약품은 화학적으로 합성을 하는 것이라 실질적으로 구조 차이나 약효 차이가 발생하기 힘들지만, 바이오의약품은 그렇지 않다는 것이다.

나름대로 타당한 지적이긴 하나 실제로는 자사에서 개발한 바이오의약품에 대한 특허권이 만료되더라도 후발주자 제품을 완전히 동등한 것으로 인정하지 않음으로써 시장점유율을 유지하려는 이윤 추구의 목적이 훨씬 더 큰 주장이라는 것이 업계 일반

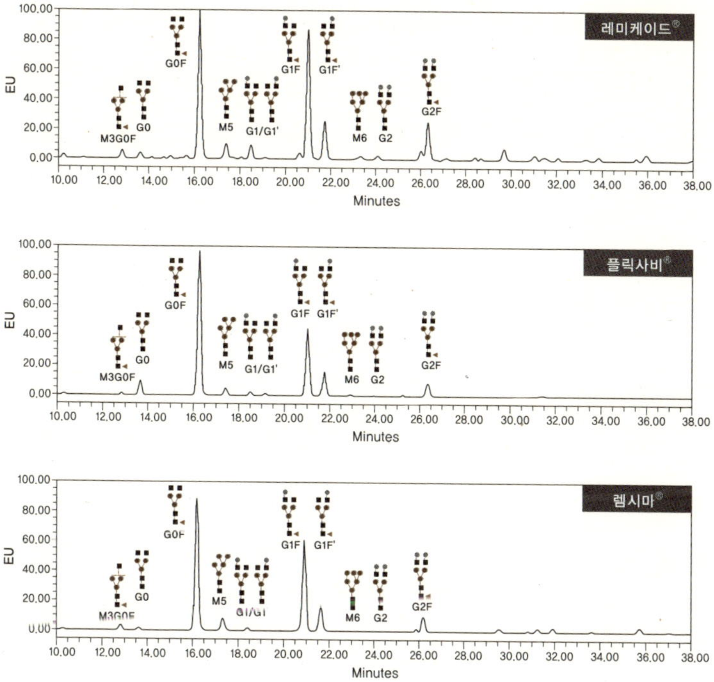

그림 5-2 오리지널 바이오의약품과 바이오시밀러의 비교

의 이해다. 게다가 오리지널 바이오의약품을 개발한 글로벌 제약사들은 대부분 미국, 유럽 등을 주된 거점으로 삼고 이윤을 창출하고 있으니 해당 지역에 위치한 규제기관의 팔이 안으로 굽는 건 어쩔 수 없다. 그런데 실제로 바이오의약품의 제네릭인 바이오시밀러가 오리지널 의약품과 많이 다를까?

위 그래프는 차례대로 오리지널 바이오의약품인 레미케이드®, 레미케이드의 바이오시밀러 제품인 플릭사비®, 또 다른 바이오시밀러 제품인 렘시마®를 분석한 것이다. 비교하면 약간의 차이는 있으나 주된 성분이라고 할 수 있는 단백질 동형의 위치와 양이 거의 일치한다고 볼 수 있고, 실제로 의약품으로서의 효과도 동등성을 인정받을 정도는 된다.

그렇지만 제네릭과 달리 바이오의약품은 법률적으로 대체조제가 불가능하다. 가령 의사가 비아그라®를 처방한 경우 소비자는 이를 저렴한 다른 제네릭 약인 팔팔정® 같은 것으로 대체해서 구매할 수 있다. 제네릭의약품은 오리지널 의약품과 동등하다고 인정되므로 임의로 변경이 가능한 것이다. 그렇지만 의사가 레미케이드®라는 오리지널 바이오의약품을 처방한 경우 현재는 상대적으로 더 저렴한 바이오시밀러인 플릭사비®나 렘시마®로 임의로 대체조제가 불가능하다. 의약적으로 동등한 효과를 낸다고 인정되어 허가를 받긴 했지만, 둘이 동등한 의약품이 아닌 '비슷한similar' 의약품이라고 인정받아 바이오시밀러가 되었기 때문이다.

3장에서 살펴봤듯이, 원칙적으로 처방권자인 의사에게는 의약품 선택에 대해 별다른 메리트가 없으므로 의사는 보통 시장에 먼저 진출해서 수많은 임상데이터를 쌓은 오리지널 의약품을 선호한다. 후발주자인 바이오시밀러 업체들은 가격 면에서 장점이 있긴 하지만 단기간에 이 장벽을 뛰어넘지는 못하고, 오리지널 바이오의약품은 특허 만료 후에도 비교적 안정적으로 점유율을 유지한다. 개발사의 이윤 창출 관점에서는 특허 만료 이후에도 사실상 또 다른 진입장벽을 쌓은 것이다.

화학합성의약품의 특허가 만료되는 것과는 상황이 달라지자 아예 새로운 접근을 취하는 기업도 나타났다. 특허가 만료된 바이오의약품을 개량해서 기존 바이오의약품보다 더 나은 새로운 바이오의약품을 개발하자는 것이다. 이런 바이오의약품을 기존의 바이오시밀러와 구분 짓기 위해서 바이오베터biobetter라고 부르는데, 그렇다고 완전히 새로운 바이오의약품을 만드는 건 아니다. 보통은 한 번 투여했을 때의 더 오래 가도록 작용 시간을 늘리거나, 투여 방식을 정맥혈관 내 직접 주사가 아니라 피부 아래에 주사하는 방식으로 바꾸는 등 투여 편의성을 증진시키는 것이 대부분이다. 특허가 만료된 바이오의약품에 대한 바이오시밀러를 만들더라도 완전히 동일한 약품으로 인식되어 대체조제가 이루어지지는 않으니, 기존 바이오의약품에 비해서 부가적인 효용이 증가된 바이오베터를 내세워 시장을 공략하는 전략을 세우는 것이다.

4장의 사례 노트에서 소개한 ADC 기술에 사용되는 항체는 이런 식으로 특허가 만료된 바이오의약품인 경우가 많으며, 국내 바이오벤처 기업들도 단순히 바이오시밀러를 제작하는 것이 아닌 부가적인 효용을 덧붙인 바이오베터 개발에 힘을 쏟고 있다. 가령 알테오젠KOSDAQ:196170은 독자적으로 개발한 하이브로자임

Hybrozyme 기술을 이용해 기존에 정맥으로만 투여하던 바이오의약품을 피부 아래에 주사할 수 있는 형태로 변환하는 작업을 진행하고 있다. 의료진의 개입이 필수적인 정맥주사 대신 환자 스스로 집에서 사용할 수 있도록 편의성을 높이는 것이다. 비슷하게 제넥신KOSDAQ:095700은 항체의약품의 하단부를 교체시켜 바이오의약품의 체내 작용 시간•을 대폭 향상시키는 HyFc 기술을 개발해 다양한 바이오의약품에 적용하려고 노력하고 있다. 같은 양의 바이오의약품을 넣어도 더 오래 효과가 지속된다면 결과적으로 단위투약 비용이 감소하는 효과를 얻을 수 있는 것이다. 이외에도 다양한 형태의 바이오베터가 활발히 개발되고 있으며, 시장은 점차 넓어지고 있다.

정리하자면 이렇다. 바이오의약품은 살아 있는 세포를 이용해서 생산하기 때문에 일종의 혼합물 형태로 얻어지고, 그 이유를 들어 특허 만료 이후에도 복제약을 동등하게 대체 가능한 '제네릭'이 아닌 '바이오시밀러'라는 새로운 개념으로 정의한다. 이는 후발기업들에게 또 다른 진입장벽으로 작용하며, 기업들은 불리함을

• 일반적으로 의약품의 작용 시간은 의약품의 양이 절반으로 줄어드는 반감기half life를 기준으로 표현하는 경우가 많다. 가령 '반감기를 획기적으로 증가시켰다'는 건 해당 약물의 용량이 절반으로 줄어드는 데까지 걸리는 시간이 길어졌다는 뜻으로, 약의 작용 시간이 증가했다는 것을 의미한다.

해소하기 위해 부가적인 편의성을 덧붙인 바이오베터를 활발히 개발하고 있다. 화학합성의약품 생산 공정과는 다른 오히려 '목축업'과 같은 바이오의약품 생산 공정이 낳은 독특한 현상이다.

사례노트

세포 스크리닝과 버클리 라이트

항체의약품 생산은 목축업과 유사한 방식으로 운영된다는 것을 설명했다. 목적하는 항체 유전자를 담은 세포를 키우고, 그 세포가 생산하는 항체를 정제해서 의약품으로 만드는 데는 매우 많은 비용과 시간이 소요된다. 4장에서 목적하는 항체를 생성하는 유전자를 찾는 방법을, 5장에서는 그 유전자를 포함하는 세포를 키워서 얻어진 산물을 정제하는 방법에 대해 살펴봤는데, 사실은 그 중간 과정이 하나 더 있다. 바로 목적하는 유전자가 올바르게 들어있는 세포를 찾아내는 과정이다.

CHO 세포를 항체 생산에 사용할 수는 있지만, 아무 처리를 하지 않은 CHO 세포에는 원하는 항체생성 유전자가 들어 있지 않다. 따라서 생산하고자 하는 항체 유전자를 인위적으로 CHO 세포에 넣어 주고, 그 유전자가 제대로 발현되는지를 확인하는 과정이 필요하다. 이 과정에 걸리는 시간이 대략 8-12주 정도다. 선별 과정을 연구원들이 직접 손으로 진행해야 하므로 시간적으로나 비용적으로나 만만치 않은 과정이지만, 최종적인 항체의약품 생산 전에 원하는 항체 유전자를 가장 효율적으로 생산하는 세포를 골라내지 않으면 최종 생산 수율에도 영향이 가기 때문에 허투루 할 수도 없다. 만약 이 과정을 훨씬 더 빠르고, 자동화된 방식으로 처리할 수 있다면 어떨까? 이를 실제로 실현한 기업이 바로 버클리 라이트Berkeley Light, NASDAQ:BLI다.

기존의 세포 분석법은 이렇다. 개별 세포를 일일이 순차적으로 배양해 해당 세포들이 발현하는 항체를 분석한 후, 그중 가장 목적에 적합한 세포를 골라내는 것이다. 그런데 버클리 라이트에서는 이런 기존 방식이 아니라 새로운 방식을 도입했다. 많은 세포를 대량으로 동시에 배양하며, 이들을 세포 하나 단위로 나눠서 분석하자는 아이디어이다. 이를 가능하게 한 건 버클리 라이트의 독자적인 기술인 Opto Electro Positioning(OEP) 덕분이다. 간단히 말하자면 빛을 이용해서 세포 하나를 미세 배양용기인 나노팬nanopen으로 이동시키는 것이다. 나노팬이라는 작은 홈에 1개씩 세포 단위로 분리된 항체생성 세포는 홈 내부에서 양분을 제공받고, 노폐물을 배출하며 배양되는데 이 과정은 초미세 형광카메라를 이용해서 고스란히 촬영된다.

버클리 라이트에서 개발한 소프트웨어는 촬영된 사진을 분석하여 어떤 세포가 가장 잘 자라는지를 골라낸다. 또 홈 속에 항원을 집어넣어 항체생성 세포가 만든 항체가 얼마나 효율적으로 항원에 결합하는지도 미세카메라를 통해 확인할 수 있다. 수천, 수만 개의 항체생성 세

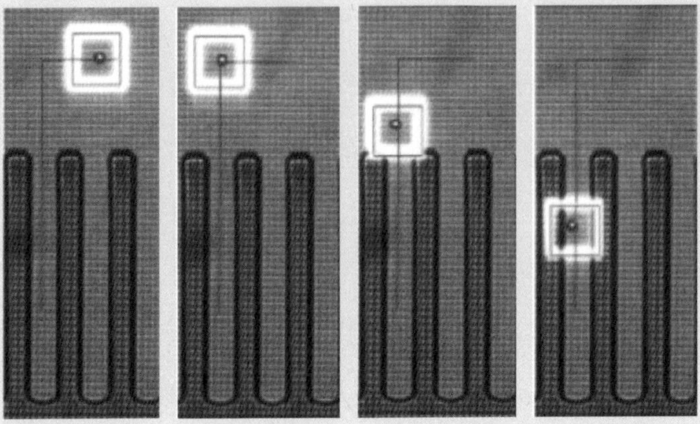

버클리 라이트의 OEP 기술 모식도. 빛을 이용해서 개별 세포를 작은 홈으로 유도한다.

포를 배양에서부터 분석까지 자동화된 방식으로 한 번에 처리할 수 있는 것이다. 이 방식을 사용하면 8-12주가 걸리던 기존 과정이 빠르면 일주일 안에 끝날 수 있다. 특정 항체의약품에만 사용할 수 있는 것이 아닌 범용 플랫폼이다 보니 바이오의약품 산업 규모가 커지면 커질수록 버클리 라이트의 매출도 늘어날 것이고, 서비스 구매자는 그만큼 시간과 비용의 단축 효과를 누릴 수 있다. 직접적인 신약개발사가 아닌 부가서비스 제공사도 엄연히 바이오-제약 시장의 참여자라는 걸 꼭 명심하자.

06

바이오의약품의 한계와 미래

앞선 두 장을 통해 현재 바이오의약품의 주류인 항체의약품 개발에서 무엇이 중요한지 그리고 항체의약품 생산에 어떤 어려움이 있는지를 살펴봤다. 항체의약품은 표적특이성 덕분에 정교한 생체기능 조절이라는 역할을 수행할 수 있어 기존 화학합성의 약품으로는 해결하기 어렵던 분야에 새로 길을 냈다. 하지만 목적하는 항체를 찾아내는 과정은 매우 어렵고, 돈과 시간이 많이 드는 일이다. 그렇게 개발된 항체의약품은 항체 단백질의 특성상 CHO 세포에서 생산되어야 하는데, 생산 과정이 상당히 까다롭고 조건을 동일하게 맞추더라도 일종의 '혼합물'로 얻어지는 등의 변동이 발생할 수밖에 없다. 그 덕분에 각 나라의 규제기관은 특허권 만료 이후에도 '바이오시밀러'라는 완전히 동일하지 않은 대체약만 허가해 주고 있다. 이는 오리지널 제약사가 나름의 이점을 갖는 부분이기도 하다. 그런데 항체의약품에는 아주 중요한 한계가 있다. 가격이 너무 비싸다는 것이다.

바이오의약품에 항암제가 많은 이유

3장에서 의료보험을 설명하며 의약품은 들이는 의료비용 대비 치료 효과가 커야, 다시 말해 일종의 '가성비' 테스트인 경제성 평가를 통과해야만 보험 적용을 받을 수 있음을 얘기했다. 나라별로 조금씩 차이는 있으나, 암묵적인 가성비의 한계치는 건강한 수명 1년을 늘리는 데 1인당 GDP의 비용을 초과하지 말아야 한다는 것이다. 우리나라를 예로 들면, 2020년 기준 1인당 GDP가 3만 달러(한화 약 3,354만 원)이다. 다시 말해 한국인의 건강을 고려한 질보장 수명 1년을 늘리는 데는 연간 3,354만 원 정도의 한계치가 암묵적으로 설정된다는 뜻이다. 이를 실제 보험 적용에 대해 큰 논란이 발생했던 바이오의약품 한 가지의 사례에 구체적으로 대입해 보자.

리제네론이 개발하고 사노피Sanofi, NASDAQ:SNY가 판매하고 있는 듀피젠트Dupixent®는 염증 반응에 의해 발생하는 중증 아토피성 피부염 증상을 줄이는 항체의약품의 일종이다. 중증 이상의 아토피에는 스테로이드 외에는 다른 치료제가 없었는데, 알다시피 스테로이드는 과용량을 사용하면 심각한 부작용이 나타날 우려가 있다. 그래서 항체 특유의 표적특이성을 이용해 증상을 획기적으로 감소시키면서도 부작용이 거의 없는 신약을 개발한 것이다.

문제는 비용이었다. 1년 투약 시에 비용이 2,600만 원이나 드는데도 보험 적용이 되지 않았다. 완전히 건강할 때의 삶의 질을 1.0이라고 한다면, 중증 아토피 피부염을 앓는 경우 삶의 질은 0.38로 추락한다. 즉 중증 아토피를 방치하는 경우 1년에 삶의 질이 0.62QALY만큼 감소하게 되는 것이다. 바꿔 말하면 1년에 삶의 질을 0.62QALY만큼 높이기 위해서 2,600만 원을 써야 한다는 것인데, 계산해 보면 1QALY에 4,193만 원을 써야 한다는 수치가 나온다. 이는 암묵적 한계치인 1QALY당 3,354만 원을 넘는다. 그

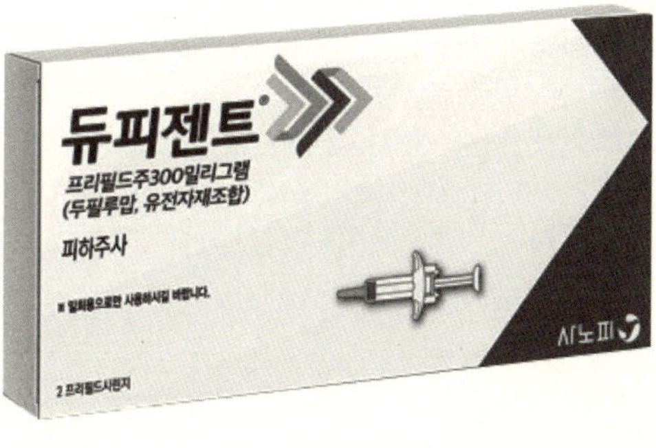

그림 6-1 아토피 피부염 최초의 표적치료제이자 항체의약품인 듀피젠트®

래서 꽤 오랜 시간 보험 적용이 되지 않던 듀피젠트®는 결국 약값을 깎아 1년 투약 비용을 1,700만 원 수준으로 낮추고서야 보험 적용을 받게 됐다. 실제로 약의 효과가 뛰어난 것과 별개로 '비용 대비 치료 효과'가 크지 않으면 보험 적용을 받지 못해 기껏 개발한 약이 팔리지 않게 되는 것이다. 이런 비용 문제를 해결하지 못하면 바이오의약품은 시장에 나올 수 없다.

현재 개발 중이거나 시판 중인 바이오의약품의 다수가 항암제인 까닭도 정확히 이 때문이다. 삶의 질을 심각하게 갉아먹는 난치성 질환이라고 하더라도, 삶의 질이 아예 0이 되는 '죽음'을 직접적으로 유발하는 질환과는 비교하기가 어렵다. 가령 완치되면 최소 10년 이상을 건강한 상태로 살 수 있지만, 치료하지 않으면 사망하는 암이 있다고 해 보자. 이론상으로만 따져 보면 이 치료제는 10QALY만큼의 치료 효과를 낼 수 있으므로, 1인당 GDP 3,354만 원을 곱하여 약값에 3억 6천만 원까지를 써도 문제가 없다는 결론이 나온다. 2,600만 원 정도의 약값을 두고 몇 년을 줄다리기를 하다가 뒤늦게 보험 적용이 된 아토피성 피부염과는 애초에 치료 효과의 기대치 자체가 다르다.

추후 살펴보겠지만, 어려운 탐색 과정을 거쳐 바이오의약품을 개발하고, 그렇게 개발된 바이오의약품을 여러 허가 절차를 거쳐 승인받는 데는 막대한 비용과 시간이 소모된다. 그 이후에도

CHO 세포를 이용하는 까다로운 생산 공정을 통해 바이오의약품을 생산해야 하므로 일반적인 화학합성의약품보다는 원가 자체가 증가할 수밖에 없다. 즉 가격의 하방한계 자체가 꽤 높게 설정되어 있다는 뜻이다. 이를 극복하기 위해서는 암과 같이 기대수명을 매우 많이 낮추거나, 심각한 유전병처럼 삶의 질을 아주 악화시키는 질병을 대상으로만 약을 개발해야 한다. 항체는 높은 표적특이성에 기반한 정교한 생리조절 기능을 제공하지만, 정작 현실에서 그 약을 쓸 수 있는 조건에 제한되어 전체 질병 중 극히 일부 분야에서만 사용할 수 있는 것이다. 결과적으로 항암제 분야는 불필요한 과잉 경쟁이 생기고, 나머지 분야는 어정쩡한 불모지로 남는다. 자원 배분의 측면에서 별로 바람직하지 않은 일이 나타나는 것이다.

값비싼 항체의약품을 대체하려는 두 가지 시도

현재 바이오의약품 개발이 항체의약품 위주로 편중되며 나타나는 문제점은 당연히 업계 내에서도 알고 있다. 그래서 이를 해결하기 위해 크게 두 가지 방향의 접근이 시도되고 있다. 하나는 항체의약품 생산 가격을 낮추는 기술혁신을 이루는 것이고, 다른 하나는 아예 항체의약품을 대체하는 새로운 표적특이성 높은 물질을 개발하는 방식이다. 각각을 순서대로 자세히 살펴보도록 하자.

첫 번째는 항체의약품의 생산 가격을 낮추는 기술혁신을 이루는 것이다. 앞에서 대장균 플랫폼을 이용한 바이오의약품 생산과 CHO 세포를 이용한 바이오의약품 생산을 비교하며 대장균 플랫폼의 가격이 훨씬 저렴하다는 걸 설명했다. 그렇지만 대장균과 인간의 단백질 합성 방식이 조금 다르고, 대장균은 항체처럼 큰 단백질을 생산하기에는 적합하지 않아 현재는 어쩔 수 없이 비싼 비용을 치르며 CHO 세포를 이용하고 있다. 그렇다면 CHO 세포보다 저렴하면서도, CHO 세포처럼 큰 단백질을 생산할 수 있는 제3의 생산 플랫폼을 찾는다면 생산 단가를 꽤 낮출 수 있다. 이를 위해 다양한 후보들이 검토되고 있는데, 가장 대표적인 후보로는 곤충 세포와 식물 세포가 있다. 아직까진 산업 수준에서 실용화된 사례는 없고, 식물을 이용하는 시도가 개중에서는 가장 성공적인 것으로 파악되고 있다. 실제로 2012년에는 한 제약사가 당근 세포를 이용해서 생산한 바이오의약품을 세계 최초로 FDA에서 승인받기도 했다. 하지만 그 후 약 10년이 지나는 동안 별다른 후속 의약품 생산 소식이 들리지 않는 것을 고려하면 학술적인 부분에서만 유의미하다고 보는 것이 적절하다.

이런 현실적인 이유로 조금 다른 접근을 택하는 곳도 있다.

CHO 세포를 이용하는 생산이 대체 불가능하다면, CHO 세포의 생산 효율을 높이는 방식으로 방향을 트는 것이 더 낫지 않겠냐는 주장이다. 이런 식으로 자체적인 개량 CHO 세포를 만들어 낸 곳은 미국에 본사를 둔 글로벌 제약사 머크, 스위스에 본사를 둔 글로벌 제약사 론자Lonza 등 일부 업체뿐이다. 국내에서는 그리 주목을 받지 못했지만, 2020년 중반에 삼성바이오로직스에서도 자체개발한 CHO 세포 S-CHOice를 공개했다. 개발 기간 3년 만에 세포 성장 기간을 20% 줄이고, 항체 생산량을 2배 가까이 늘리는 데 성공했다. 비유하자면 기존보다 더 빨리 자라고, 우유 생산량이 배로 늘어난 신종 젖소를 개발하는 데 성공했다는 뜻이니 목축업계 내에서는 기업 경쟁력이 상당히 오른 셈이다. 안타깝게도 시장에서는 자체 CHO 세포 개발의 의미를 정확히 이해하지 못한 것 같지만 말이다.

두 번째는 아예 항체 자체를 다른 물질로 대체하는 방식이다. 현재 바이오의약품의 주류가 '항체'인 이유는 항체가 매우 강력한 표적특이성을 갖기 때문이다. 그래서 높은 생산 비용을 감수하고도 항체의약품을 쓰는 것인데, 항체와 비슷하게 높은 표적특이성을 가진 물질을 개발한다면 생산 비용을 획기적으로 낮추면서도 원하는 효과를 얻을 수 있다. 그리고 실제로 그런 물질이 이미 개발되어 연구되고 있다. 바로 압타머Aptamer이다.

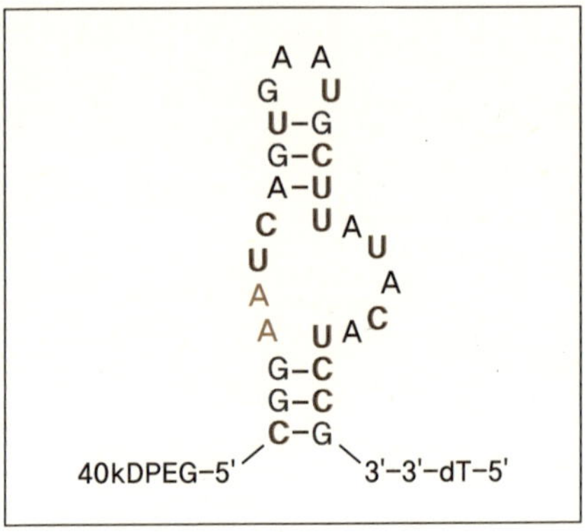

그림 6-2 압타머의 일종인 마쿠젠의 구조
압타머들은 자발적으로 특이구조를 형성해서 표적에 결합할 수 있는 능력을 갖는다.

워낙 생소한 용어일 테니 간략하게나마 설명을 하면, 압타머는 DNA나 RNA 같은 유전물질로 이루어진 작은 분자이다. DNA나 RNA들은 자기들끼리 결합해서 특정한 구조를 형성하는 성질이 있는데, 이로 인해 개별 압타머들은 고유의 구조를 갖는다. 그 고유 구조가 목적하는 표적과 짝이 맞으면 이를 항체와 유사하게 사용할 수 있다. 실제로 이미 압타머를 이용해서 개발된 의약품 한 가지가 2004년에 FDA에서 허가를 받기도 했다. 마쿠젠 Macugen®이라는 황반변성 치료제•인데, 안타깝게도 그 이후로는

• 황반변성을 치료하기 위해 개발된 바이오의약품 경쟁에서 마쿠젠®은 완벽히 패배했다. 비슷한 시기에 출시된 항체의약품인 아일리아®나 루센티스®가 황반변성 치료제 시장의 주류가 되었기 때문이다.

아직 허가받은 압타머 기반의 다른 의약품이 없다. 여기에는 여러 원인이 있겠지만, 첫 주자인 마쿠젠®이 상업적으로 그다지 성공적이지 못했다는 점과 압타머는 항체보다도 스크리닝 과정이 어렵다는 게 한 가지 이유일 것이다. 그렇지만 항체의약품에 비해 생산 비용이 저렴하다는 점, 나름대로는 표적특이성이 있다는 점을 고려하면 항체의약품의 보완재로서 언제든 등장할 가능성이 큰 물질이라는 점은 꼭 기억해 두는 것이 좋겠다. 최근에는 의약품만이 아니라 진단용으로도 개발 중이라 가능성 자체는 매우 큰 물질이라고 할 수 있다.

새롭게 다가올 바이오의약품, RNA 치료제

현재 바이오의약품의 주류는 항체의약품이다. 그런데 다른 방식으로도 생체기능을 정교하게 조절할 수 있다면 굳이 항체의약품을 사용할 필요가 없다. 인체의 생체기능은 기본적으로 DNA에 기록된 유전자에 따라 발현된다. 그렇지만 DNA는 중요한 유전정보를 저장하고 있는 매체라 이를 직접 이용하는 경우는 거의 없다. 일종의 라틴어 성경 원문 같은 것이라고 할까? 실제로 유전정보를 발현하기 위해 사용되는 것은 DNA의 복사본이라 할 수 있는 RNA이다. RNA에 담긴 유전정보가 단백질 합성기계인 리보솜ribosome에 도달하면, 유전정보는 비로소 구체적인 인체 기능을 수행하는 단백질로 바뀌게 된다. 항체의약품은 이렇게 만들어진 최종적인 단백질을 조절하여 생체기능을 조절하는 것이다. 그런데 최종 산물인 단백질을 조절하는 게 아니라, 그보다 앞 단계인 RNA를 조절하는 방식•으로 생체기능을 조절하면 어떨까. 이것이 바로 RNA 치료제의 개념이다. RNA 치료제도 두 가지 방식으로 나눌 수 있는데 각각을 살펴보자.

첫 번째 방식은 목적하는 단백질의 유전정보를 담고 있는 RNA를 직접 몸에 넣어 주는 방식의 치료제이다. 코로나19 백신 개발로 유명해진 독일의 바이오앤텍BioNTech, NASDAQ:BNTX이나 미국의 모더나Moderna, NASDAQ:MRNA 같은 기업이 강점을 보이는 것이 이와 같은 방식인데, 세포 내의 단백질 합성기계인 리보솜이 바로 인식할 수 있는 형태의 RNA인 mRNA를 직접 몸속에 넣어 주는 방법이다. 그러면 원하는 단백질이 세포 내에서 생성되고, 만들어진 단백질은 생체기능 조절에 효과적으로 관여할 수 있다.

• RNA보다 앞 단계인 DNA를 조절하는 의약품도 당연히 존재한다. 이를 유전자치료gene therapy라고 부르는데, 태생적으로 유전적인 결함을 갖고 태어난 유전병 환자의 치료를 위해 제한적으로 사용되고 있다. 기술적 난이도가 매우 높고, 투여 비용도 높아 대규모로 상용화되기는 힘든 기술이다.

항체의약품을 이용해서 만들어진 단백질을 틀어막는, 일종의 네거티브negative 방식의 조절이 아니라 새로운 단백질을 만드는 포지티브positive 방식의 조절이 가능해지는 것이다.

이런 방식의 단점은 표적특이성이 높지 않다는 점과 인체의 면역계가 이렇게 생성된 단백질을 외래 단백질로 인식하여 면역반응이 나타날 수 있다는 점이다. 아직은 개발 초기 단계에 가깝지만, 코로나19 mRNA 백신 개발을 계기로 인체 적용 가능성을 확인받았으므로 관련 분야는 꾸준히 성장할 가능성이 높다. 비록 현재까지 코로나19 백신 외에 FDA 승인을 받은 다른 약은 없다시피 하지만 말이다.

두 번째 방식은 특정 단백질을 생성하는 RNA에 짝이 맞는 저해 RNA를 넣는 방식인 RNA 간섭RNA interference 치료제다. 가령 혈액 중의 콜레스테롤 농도가 비정상적으로 높아지는 이상지질혈증 중 일부는 유전적 이상으로 인해 콜레스테롤 대사를 억제하는 단백질이 너무 늘어나는 것이 원인인 경우가 있다. 이런 환자들은 콜레스테롤 대사를 억제하는 단백질이 감소하면 혈액 중의 콜레스테롤 농도가 정상 수준으로 돌아올 수 있다. 그러므로 콜레스테롤 대사 억제 단백질을 만드는 mRNA에 짝이 맞는 저해 RNA(이를 안티센스 RNA라고 부른다)를 넣어 주면 콜레스테롤 대사 억제 단백질의 생성을 감소시킬 수 있다. 이런 방식으로 개발된 약이 인클리시란Inclisiran®이다.

인클리시란®은 미국의 제약사 일나일람Alnylam, NASDAQ:ALNY이 개발하고 스위스에 위치한 글로벌 제약사 노바티스Norvatis, NYSE:NVS가 허가와 판매를 담당하고 있는데, 같은 단백질을 목표로 개발된 항체치료제보다 훨씬 투여 빈도를 낮추면서도 비슷한 효과를 내는 것을 입증했다. 인클리시란®이 2021년에 FDA에서 승인을 받고 좋은 성과를 낸다면 비슷한 방식의 치료제 개발과 판매가 대폭 증가할 것이다. 이렇게 되면 바이오의약품은 곧 항체의약품이라는 단순한 도식은 깨지게 된다. 혁신적인 신약을 사용하는 인류에게도 큰 축복이지만, 눈 밝은 투자자에게도 새로운 시장이 열리게 되는 일이라는 것을 기억해 두면 좋겠다.

사례노트

mRNA 전달과 트렌슬레이트 바이오

유전적으로 호흡기의 분비 기능에 이상이 생겨, 점차 호흡기가 눅진한 점액질로 덮여 사망하는 낭포성섬유증cystic fibrosis이라는 유전질환이 있다. 국내에는 환자가 적어 생소한 질환이지만 북미나 유럽 지역에서는 생각보다 높은 빈도로 발생하여 세계적으로는 대표적인 난치성 질병의 하나로 인식되고 있다. 실제로 미국 내에서만 약 3만 명, 전 세계에서 약 7만 명 정도가 환자로 추산되니 그리 희귀하다고 말하기도 힘들다. 이 질환이 건강에 끼치는 영향은 심각한데, 낭포성섬유증을 앓는 사람들의 평균 수명은 약 30세다. 건강한 보통 사람과 비교하면 기대수명이 매우 짧다. 현재도 다양한 증상완화 요법은 진행되고 있지만, 호흡기에 꼭 필요한 분비단백질이 없는 걸 근본적으로 해결하지는 못하므로, 몇몇 바이오벤처에서는 mRNA를 이용하는 치료제나 유전자치료제를 개발을 시도하고 있다. 그런데 이런 방식에는 문제가 있다. 표적 특이성이 떨어지기 때문이다.

앞서 바이오의약품의 미래를 얘기하며 mRNA를 직접 넣어 주는 방식은 표적특이성이 떨어진다는 점을 언급했다. 이것을 좀 구체적으로 설명하면 이렇다. 낭포성섬유증을 치료하기 위해서는 호흡기계에만 선별적으로 부족한 분비단백질을 만들어 주는 것이 필요하다. 그런데 분비단백질의 유전자를 담은 mRNA를 몸속에 넣어 주면 이 mRNA가 폐나 호흡기의 세포로만 가진 않는다. 가령 엉덩이에 근육주사로 맞으면 엉덩이에만 분비단백질이 생기게 된다거나 하는 일이 나타나서 별다른 효과를 보기 힘들 수도 있다. 그렇다고 이를 일반적인 주사와 비슷하게 혈관 내에 직접 주입하면 mRNA가 포함된 약물은 전신을 고르게 순환해서 어디에 그 mRNA를 전달할지 알 수가 없다. 즉, 목적하는 단백질에 대한 유전정보를 담은 mRNA를 개발하는 것 자체보다는 이를 원하는 위치로 적절히 전달하는 것이 훨씬 어렵다는 이야기이다.

이런 문제점을 해결하기 위해 트렌슬레이트 바이오Translate Bio, NASDAQ:TBIO에서는 다른 곳에서 시도하지 않은 독특한 방식을 시도하고 있다. mRNA가 포함된 치료제를 코를 통해 흡입함으로써 호흡기계와 폐에 최대한 선택적으로 작용하게 만든 것이다. 그런데 관련 분야에 조금이나마 관심을 가지신 분들은 의아한 생각이 드실 수도 있다. 가령 화이자-바이오앤텍에서 개발한 코로나19 백신이나 모더나에서 개발한 코로나19 백신 역시 mRNA를 이용한다. 그런데 이들 백신은 극저온(영하 20℃-70℃)에서 보관해야 할 정도로 불안정성이 크다고 알려져 있다. 이런 불안정성은 mRNA 자체가 무척 손상되기 쉬운 물질이기 때문에 나타나는데, 이렇게 훼손될 가능성이 큰 물질을 어떻게 코로 흡입할 수 있는 것일까? 비밀은 mRNA를 감싸고 있는 껍질 격의 물질인 나노지질입자 덕분이다.

mRNA는 아무것도 없는 물에만 넣어 두어도 자체적으로 분해가 이루어지는 매우 민감한 물질이다. 그래서 mRNA를 약물 형태로 가공하려면 생산된 mRNA를 외부 충격에서 보호하고 원하는 곳까지 전달하기 위한 막을 씌우는 과정이 꼭 필요하다. 이 역할을 할 수 있는 막의 후보물질로 여러 가지가 사용되고 있지만, 코로나19 백신을 통해 완벽히 실용화됐고 또 실제로 장점이 많은 기술은 mRNA를 미세한 기름막으로 싸는 것이다. 이게 바로 나노지질입자Lipidnanoparticle, LNP이다. 단순히 기름막이라고 생각될 수도 있지만 외부 변화로부터 mRNA를 보호하고 원하는 표적 부위에 도달하면 mRNA를 방출해야 하기 때문에 각 회사의 핵심 기술력이 고스란히 녹아들어 있는 기술력의 결정체라 할 수 있다.

트렌슬레이트 바이오는 호흡기를 통한 mRNA 흡수를 가능하게 하기 위해 나노지질입자 연구를 일찍이 시작했고, 업계 선두주자인 모더나에 이어 관련 특허를 상당히 많이 갖고 있다. 코로나19 대유행이 지나더라도 mRNA를 이용한 의약품 개발은 멈추지 않을 것이고, 오히려 코로나19 대유행을 계기로 관련 기술이 폭발적으로 성장할 가능성이 크다. 그 핵심에는 전달체인 나노지질입자가 있다. 코로나19 백신 개발로 인해 모더나가 강하게 주목을 받은 만큼, 트렌슬레이트 바이오도 꼭 눈여겨봐야 할 회사이다.

PART 3

신약개발사는 어떻게 돈을 버는가

바이오-제약 분야는 꿈을 먹고 사는 분야라는 얘기가 많이 나온다. 전통적인 기업분석 관점에서 매출이나 영업이익을 봤을 때는 절대 투자하면 안 될 회사로 보이지만, 개발 중인 신약이 성공하면 엄청난 이윤을 낼 수 있기에 재무지표보다는 '가능성'을 보고 투자해야 한다는 것이다. 그러면 제약회사는 대체 언제 그 가능성을 돈으로 환산할까? 금액은 다음 파트로 미뤄 두고 방식과 시점을 먼저 살펴보자.

07

초기 개발 단계의 기술이전 계약 전략

많은 투자자들이 오해하고 있는 점이지만, 신약이 개발되어 실제로 시장에 판매되기까지의 전 과정을 오롯이 홀로 감당할 수 있는 회사는 세계에서도 손에 꼽을 정도로 적다. 흔히 말하는 글로벌 제약사들만이 그런 역량을 갖추고 있고, 그 외의 제약사들은 현실적으로 그럴 만한 역량이 없다. 그래서 대부분의 신약개발 업체는 어느 시점에서는 자사가 개발한 신약 후보물질을 라이센스 아웃licence out, 우리말 표현으로는 기술이전을 할 수밖에 없다.

이런 얘기를 하면 보통은 임상시험clinical trial 진행 후에 신약 후보물질을 판매하는 것을 떠올리는데, 꼭 그렇지만도 않다. 임상시험은 의약품 개발 과정에서는 가장 후반부에 진행된다. 주요 언론사에서 관련 소식을 다룰 정도면 개발 후반부인 경우가 많아

그런 착시가 생길 뿐이지 개발 과정 전체를 보면 가장 뒷부분이다. 인체를 대상으로 약을 투여하는 임상시험을 아무런 사전 연구 없이 진행할 수는 없으므로, 모든 의약품은 인간에게 투여하기 전 효과와 독성에 대한 검증을 진행해야 한다. 따라서 임상시험이 진행되기 전에 시행해야 하는 의약품 개발 단계들이 별도로 존재하고, 이 과정을 제대로 넘지 못하면 임상시험은 진입조차 불가능하다. 이런 개발 과정을 임상시험이 아닌 개발 과정이라는 점에서 비임상시험non-clinical study•이라고 부른다. 비임상시험은 다시 동물을 이용하는 동물실험과 동물을 사용하지 않는 실험으로 나눌 수 있는데, 신약 후보물질 탐색 과정부터 비임상시험까지 차례대로 살펴보자.

험난한 약물 후보물질 탐색 과정

의약품 후보물질을 개발하는 가장 중요한 과정은 당연히 유효성을 확인하는 단계이다. 세상에 안전한 물질은 셀 수 없이 많지

• 과거에는 임상시험 전에 진행한다는 점에서 전임상시험pre-clinical study이라고 불렸으나, FDA에서 개념을 재정의하였다. 필요한 경우 임상시험 진행여부와 관계없이 시행하는 연구도 있으므로 비임상시험이라는 용어가 더 적절하다는 것이다. 실제로는 두 용어가 거의 혼재되어서 쓰인다.

만, 그중에서 특정한 생리적 기능을 나타낼 수 있는 물질을 찾아내는 것은 결코 쉬운 일이 아니다. 가령 현재 '진통제'로 쓸 수 있는 약이 하나도 개발되지 않은 상태라고 가정해 보자. 이 상태에서 진통제로 쓸 수 있는 약물 후보물질을 어떻게 찾아낼 수 있을까? 길에서 찾은 아무 식물이나 가져와서 진통 효과가 있는지를 확인하는 방식은 불가능하다. 우리가 흔히 마시는 커피 안에 든 화학물질의 종류만 1,000가지가 넘는데 무작위로 추출한 특정 식물 속에 포함된 특정 화학물질이 진통 효과를 낼 가능성은 거의 제로에 수렴한다.

그래서 초기 의약품 개발은 전통의학적 기반을 참고해서 진행됐다. 가령 버드나무 껍실을 달여 마시면 진통 효과가 난다는 전통적인 치료법을 참고해서 버드나무 껍질에 포함된 진통제 성분만을 화학적으로 분리한 것이 아스피린®의 기원이다. 비슷한 방식으로 세계 각지의 전통의약품 지식을 활용해서 많은 의약품 개발이 진행되었고, 이 과정에서 실제로는 아무런 효과가 없는 전통의약품이 생각보다 많다•는 게 밝혀지면서 이런 방식의 의약품 개발은 한계에 봉착하고 말았다. 조금이나마 힌트를 얻을 수 있는 약품 후보군이 거의 고갈되어 버린 것이다.

• 가령 코뿔소 뿔을 갈아서 먹으면 기운이 솟는다거나, 한약으로 탈모를 고친다는 한방 처방 등이 있다.

이를 해결하기 위해 현재는 비교적 더 과학적인 방식으로 약물 후보물질을 찾고 있다. 방식은 이렇다. 먼저 질병의 원인을 명확히 밝히는 연구를 먼저 진행하고, 그 원인을 개선시킬 수 있는 물질을 화학적 입체구조 등을 분석하는 방식으로 찾아내는 것이다. 가령, 암세포가 다른 세포에 비해 매우 빠르게 분열한다는 사실을 연구를 통해 확인했다고 해 보자. 그리고 이 연구를 바탕으로 새로운 항암제를 개발한다면, 과거에는 '암에 도움이 되는 전통의약품'을 물질 탐색을 위한 일종의 검색 풀로 활용했겠지만, 지금은 많은 연구를 통해 이런 처방 중 효과적인 것이 별로 없다는 것이 밝혀졌다. 그래서 요즘은 아예 세포 내에서 빠르게 분열할 수 있도록 도와주는 단백질의 구조를 분석하고, 여기에 결합해서 이 단백질을 억제할 수 있는 화학물질을 컴퓨터 시뮬레이션을 통해 찾아내는 방법을 사용한다.

이런 방식의 약물 연구가 가능하려면 인체의 생리기능을 조절하는 단백질들의 입체구조는 물론이고, 그 이상으로 많은 엄청난 수의 화학물질을 데이터베이스화해서 갖고 있어야 한다. 특별히 돈이 되지 않을 것 같은 기초적인 생물학 연구들이 중요한 이유다. 인체 내에 존재하는 단백질의 종류도 아직까지 완전히 파악되지 않았으며, 이들 단백질이 어떤 구조를 갖는지 밝히는 것은 그보다 한참 뒤의 일이다. 이런 기초연구가 진행된 후에야 특정 단백질이 특정 질환과 관련이 있는지 밝히는 연구들이 진행되고, 그 연구결과를 바탕으로 특정 단백질에 영향을 미칠 수 있는 신약 후보물질 탐색이 진행된다. 우리나라를 비롯한 주요 선진국에서 이와 같은 데이터베이스 구축을 지원하는 이유다.

앞에서 말한 것처럼 아예 바닥부터 진행하는 방식의 신약 후보물질 탐색도 있지만, 조금 다른 방향으로 접근하는 신약 후보물질 탐색도 있다. 이미 개발된 약물의 화학적 구조를 변형시켜 기존과 다른 새로운 약물을 만드는 방식이다. 예를 들어 현재 사용되고 있는 신경안정제 대부분은 초기에 개발된 약물을 조금씩 변형해서 만든 것들이다. 그림 7-1(132쪽)에서 대략 눈대중으로 봐도 알 수 있듯, 이들 다섯 가지 약물은 기본적인 뼈대가 되는 구조가 거의 유사하다. 그럼에도 다섯 가지 약물은 모두 별개의 약물로 취급되고 있으며, 약효나 작용 시간의 측면에서 조금씩 다르다.

이런 구조의 차이에 따른 약효 변화에 대한 연구가 약학 내의 유기화학 분야에서 수십 년간 진행됐고, 이제는 약물의 화학적 구조에 어떤 방식의 변화를 주면 약효나 약의 지속 기간 따위가 어떻게 변화하는지를 구체적인 수치를 갖고 미리 파악할 수 있는 수준에 도달했다. 따라서 기존에 개발된 약물을 이런 방식으로 구조변경을 하거나, 아예 새롭게 찾아낸 신약 후보물질도 화학

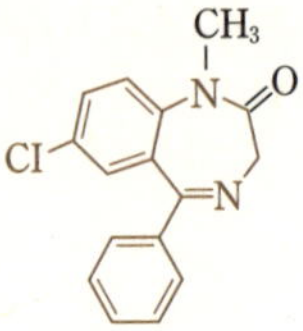

디아제팜
(Diazepam)

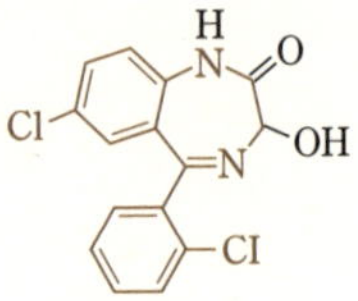

로라제팜
(Lorazepam)

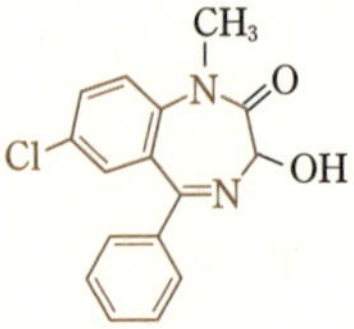

테마제팜
(Temazepam)

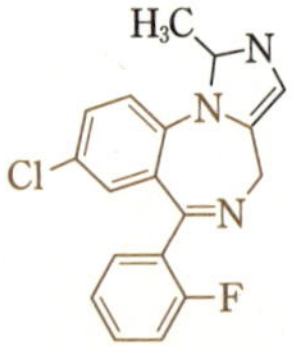

미다졸람
(Midazolam)

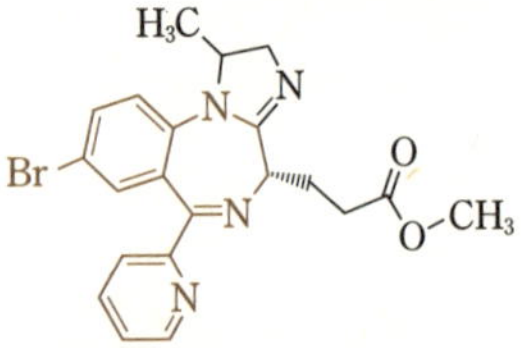

레미마졸람
(Remimazolam)

그림 7-1 실제로 사용되고 있는 신경안정제의 구조

적 구조변화 과정을 거쳐 나름의 최적화 과정을 거치게 된다. 이렇게 힘겨운 과정을 거쳐서 후보물질을 어느 정도 확정하고 나면 드디어 비임상시험에 들어가게 된다.

세포실험은 최소한의 자격요건 파악

보통의 투자자가 바이오 분야에 대한 정보를 논문 등을 통해 직접 취득하기란 무척 어려운 일이다. 대부분은 관련 정보를 신문이나 뉴스 같은 언론을 통해 접하게 된다. 문제는 언론 지면에서 다루는 관련 정보의 질이 그리 높지 않다는 데 있다. 현재는 다양한 전문기자 제도가 도입되면서 상황이 조금 나아지긴 했지만, 기사를 작성하는 기자가 관련 분야 전공자가 아닌 이상 바이오 업체나 대학 연구실에서 제공받은 자료를 오롯이 이해하긴 힘들다. 그래서 "○○ 바이오 개발 중인 신약 후보물질, 암 치료 효과 확인" 같은 자극적인 제목의 기사를 눌러보면 내용은 정작 "세포실험에서 항암 효과 확인" 정도인 경우가 많다. 초기 투자자금을 모으기 위한 노력을 폄하하려는 것은 아니지만, 이런 방식의 홍보는 투자자에 대한 사기에 가깝다. 까놓고 말해서 오직 세포실험 결과만 나온 화합물은 다른 회사에 기술이전으로 팔아먹지도 못하기 때문이다. 세포실험 결과는 해당 신약 후보물질이 실제로 '신약 후보물질'인지를 검증하는 최소한의 안전성과 유효성 판단이다. 좀 더 구체적으로 살펴보자.

첫 번째는 유효성이다. 가령 위산분비가 심해 속쓰림이 발생하는 증상을 막기 위해 새로운 위산분비 억제 신약 후보물질을 개발하고 있다고 해 보자. 탐색 과정을 통해 후보물질이 어느 정도 확정되었으면, 그다음에는 실제로 세포 차원에서 적용해 볼 차례이다. 위산분비 세포에 해당 후보물질이 작용해서 실제로 위산분비를 억제할 수 있는지를 확인하자는 것이다.

이런 방식의 세포실험은 직관적이고 명확한 방식으로 검증이 가능하다. 구체적으로는 위에서 떼어 낸 위산분비 세포를 두 집단으로 나누고, 한쪽에는 신약 후보물질을 다른 한쪽에는 아무 처리를 하지 않고 두 집단의 위산분비량을 비교하는 것이다. 다른 모든 조건을 동일하게 맞췄을 때 신약 후보물질을 처리한 세포에서 위산분비량이 통계적으로 유의하게 줄었다면, 이는 신약 후보물질이 효과가 있다는 것을 의미한다.

이런 방식으로 다른 약과의 비교도 가능하다. 앞의 실험에서 위산분비 세포 한 집단을 더 추가해 이미 판매 중인 기존 위산분비 억제제를 처리하는 것이다. 기존 약을 처리한 집단과 신약 후보물질을 처리한 집단을 비교하면 기존에 허가된 약과 비교해 더 약효가 뛰어난지, 아니면 비슷한지, 최악의 경우에는 약효가 더 떨어지는지도 비교할 수 있다. 순전히 학술적 목적의 연구라면 기존 약보다 약효가 떨어지더라도 의미가 있겠지만, 상업화를 고려한다면 기존 약보다 효과가 떨어지거나 비슷한 물질은 버려질 수밖에 없다. 막대한 개발비를 투자해서 경쟁력이 떨어지는 의약품을 개발할 이유는 없다. 투자자 관점에서는 **"기존 ○○○ 약보다 치료 효과 증대 확인"**이라는 식의 문구가 있는지, 없는지에 조금 더 주목하시면 좋으리라.

두 번째는 안전성이다. 인체에 투여할 목적으로 개발하는 약은 당연히 안전해야 한다. 그런데 한 가지 주의해야 할 점이 있다. 의약품은 위험이 약간 있더라도 그 약을 사용할 수밖에 없는 경우가 있다. 가령 속쓰림을 방지하기 위해서 개발된 약이 심각한 탈모를 유발한다면, 그 약은 절대 허가를 받지 못할 것이다. 그런데 현재 허가된 항암제 중에는 심각한 탈모는 물론 빈혈이나 백혈구 감소증 같은 생명에 위협을 가할 수 있는 부작용이 나타나는 약도 있는데, 이런 약들은 지금도 꾸준히 사용되고 있다. 이유는 단순하다. 탈모나 빈혈보다 암으로 인해 사망하는 것이 훨씬 더 유해한 결과이므로 상대적으로 작은 위험은 감수하는 것이다.

즉, 의약품의 안전성은 단순히 부작용이 없다는 것이 아니라 치료하려는 질병의 유해성과 의약품이 유발할 수 있는 잠재적 유해성을 비교해서 결정된다. 그럼에도 돌이키기 힘든 유해 반응, 가령 유전자에 심각한 돌연변이를 유발한다거나 심장에 독성을 나타낸다거나 하는 것은 어느 경우에도 용인되기가 어렵다. 따라서 세포 수준에서의 안전성 검증은 이들 특수한 일부 독성에 대한 평가가 주를 이룬다. 정말 최소한의 안전 검증인 것이다. 이렇게 안전성과 유효성을 검증받은 후보물질은 드디어 동물실험 단계로 진입한다.

동물실험, 대체될 수 없는 필수 단계

최근 화장품 업계에서는 비건 인증, 무동물실험 인증 등의 제도를 통해 점진적으로 화장품에 대한 동물실험을 폐지하거나 축소하는 추세지만, 의약품 개발 과정에서는 동물실험을 없앨 수가 없다. 사악한 거대 자본이 동물에 대한 긍휼함을 느끼지 않아서가 아니라, 의약품은 생체 밖에서와 생체 내에서 완전히 다른 움직임을 보이기 때문이다. 앞서 길게 설명했던 항체의약품을 떠올리면 이해가 쉬울 텐데, 우리가 입을 통해 삼키거나 주사기를 통해 혈관으로 주입되는 약은 특정 장기나 조직에만 모이지 않고 몸속에 고르게 퍼진다. 이런 단점 때문에 비싼 비용을 들여서 표적특이성이 있는 항체의약품을 사용하는 것인데, 아무리 세포 수준에서 약효를 확인했다고 하더라도 몸속에 들어왔을 때 약이 그 세포로 이동하지 않는다면 아무런 쓸모가 없다. 생체 내에 들어간 약이 시간에 따라 어떤 조직에, 얼마나, 어느 정도의 속도로 분포하는지에 대한 데이터를 처음으로 얻는 실험이 바로 동물실험이다.

연구자들은 처음에는 생쥐mouse나 쥐rat 같은 작은 동물에서부터 시작해서 중간 크기의 동물인 개나 돼지, 나중에는 인간과 유사한 영장류의 일종인 원숭이까지 순차적으로 동물실험을 수행하여 생체 내에서 약물의 이동과 세포실험에서 예측할 수 없는 유해 반응을 파악한다. 인간에게 실제로 약을 투여하기 전에 약물에 대한 안전성 검증을 정말 꼼꼼하게 진행하는 것이다. 이 과정을 거치면 생체 내 약물 이동과 안전성은 어느 정도 검증되는데, 진짜 문제가 되는 건 약효 검증이다.

생체기능을 조절하는 약물의 경우엔 실험에 사용하는 동물과 인간의 유사성이 커 비교적 약효 검증이 쉽다. 예를 들어 동물에 적용했을 때 혈압을 낮추는 약은 인간에게서도 혈압을 낮출 가능성이 크다. 혈압 조절에 관여하는 생체기능이 유사하기 때문이다. 그런데 정신과 약물을 비롯한 일부 약물은 동물에게서 약효를 검증하기가 쉽지 않다. 우울증 치료제를 새로 개발한다고 가정해 보자. 위산분비 억제제의 효과를 검증했던 것처럼 동물을 두 집단으로 나누어 한쪽에는 약을 먹이고, 다른 쪽에는 안 먹일 수는 있지만 동물에게서 우울한 감정이 얼마나 줄어들었는지를 확인할 방법은 마땅히 없다. 정신과 전문의가 사람에게 하듯이 동물을 진단할 수는 없으니까.

그래서 개발된 것이 다양한 종류의 '동물실험 모델'이다. 가령 우울증에서는 이런 동물실험 모델이 존재한다. 우울증의 대표적인 증상 중 하나는 무기력인데, 이를 간접적으로 측정하기 위해 연구자들은 생쥐를 빠져나올 수 없는 물통에 빠트린다. 모든 생쥐는 처음에는 열심히 헤엄을 치지만, 어느 시점에서는 결국 벗어날 수 없다는 걸 깨닫고 헤엄치기를 포기하게 된다. 그런데 우울증 치료제를 먹은 생쥐는 약을 먹지 않은 생쥐보다 포기가 조금 더 늦다. 이를 이용해서 간접적으로 우울증 치료제의 효과를 동물에게서 평가하는 것이다.

잔인하다면 잔인할 수 있는 이런 구체적인 방법론 이야기를 꺼낸 건, 막연히 기사 등의 간접자료로 **"신약 후보물질 ○○○, 동물실험에서 효과 확인"**이라는 정보를 여과 없이 받아들이는 것이 얼마나 위험할 수 있는지를 알려드리기 위해서다. 우울증 치료제만 하더라도 저 모델 외에도 다양한 동물실험 모델들이 개발되어 있다. 그런데 단순히 생쥐 정도의 소동물을 대상으로, 본인들이 개발하는 것에 가장 유리한 모델을 골라서 진행한 실험 결과를 과연 얼마나 신뢰할 수 있을까? 따라서 이런 기업에 대한 투자는 전문적인 정보를 갖고, 일차 자료를 직접 해석할 수 있는 사람이 아니라면 가급적이면 하지 않는 것이 가장 바람직하다.

그렇다면 어떤 데이터를 믿을 수 있을까? 일반적인 바이오벤처 혹은 제약회사에서 비임상시험을 진행하는 경우, 자체적으로 수행할 수 있는 비임상시험에는 꽤나 한계가 있다. 초기 단계인 세포 수준에서의 안전성 실험이나 유효성 실험 정도 혹은 생쥐 정도의 소동물 실험은 기초 역량을 갖춘 인력만 있으면 자체적으로 수행하는 데 큰 문제가 없다. 그런데 돼지나 개 수준의 중간 크기 동물을 이용하는 비임상시험을 진행하기 위해서는 법적으로 수의사의 참여가 필수적이며, 기준 또한 무척 까다로워지기 시작한다. 그래서 대부분의 제약사는 이 단계의 비임상시험 진행을 위해 약 3,000-5,000만 원 정도의 비용을 지불하고 외부 위탁연구업체CRO에 이 과정의 진행을 의뢰한다.

전문적으로 비임상시험 데이터 생산만 진행하는 업체에서 신뢰도 높은 방식으로 진행해 결과를 얻어 내면 드디어 선택의 기로에 놓이게 된다. 이 단계에서 신약 후보물질을 팔지, 아니면 임상시험으로 진행할 것인지 결정해야 한다. 위탁연구업체에 지불하는 비용을 포함하여 현 단계까지 투자된 비용*은 대략 40억 원. 추가로 10억 정도를 더 들여서 임상 1상 시험까지 진행할지, 아니면 여기서 팔지를 결정해야만 하는 것이다.

* 기회비용을 포함하는 값이다. 가령 1만 개의 후보물질로 시작했을 때, 비임상시험을 마치고 임상시험에 진입할 수 있으리라 기대되는 건 고작 100여 개 정도다. 자세한 내용은 임상시험을 다루며 다시 다루겠다.

사례노트

비임상시험과 써모 피셔 사이언티픽

적합한 후보물질을 찾는 과정인 '스크리닝'과 스크리닝 과정을 통해 찾아낸 신약 후보물질의 안전성과 유효성을 테스트하는 '비임상시험' 과정에 대해 살펴봤다. 이 과정은 성공률도 그리 높지 않은데, 비용과 시간이 매우 많이 드는 제약산업에서의 가장 고된 작업이라고 할 수 있다. 그런데 스크리닝 과정과 비임상시험 과정이 활발히 이루어지는 덕분에 지속적으로 돈을 버는 회사도 있다. 미국에 본사를 둔 써모 피셔 사이언티픽Thermo Fisher Scientific, NYSE:TMO이다.

써모 피셔 사이언티픽은 생명과학 분야에서 사용되는 다양한 실험기구와 분석기기, 초정밀 시약 등을 판매하는 일종의 종합 생명과학 원자재 회사다. 주요 거래처는 생명과학분야 연구를 진행하는 대학이나 연구소 같은 연구 전문기관이다. 물론 제약, 바이오 기업에서도 그런 연구를 진행하므로 기업에도 관련 제품들을 납품하고 있다. 실험 시약, 분석용 시약 등은 소모품이라 스크리닝 과정이나 비임상시험 과정에서 굉장히 많이 사용될 수 밖에 없는데, 이런 제품을 전 세계에 가장 많이 판매하는 회사가 써모 피셔 사이언티픽이다. 게다가 이 회사는 스크리닝 과정에 대한 솔루션이나 장비, 심지어는 바이오의약품 생산을 위한 CHO 세포 배양용액까지 생산해서 공급하고 있다. 실질적으로 생명과학 분야의 모든 제품을 판매하고 있는 것이다.

거래 품목만 생각하면 그리 큰 회사가 아닐 것 같다는 생각이 들겠지만, 이렇게 벌어들이는 금액이 2020년 기준 연 매출로 322억 달러(약 36조 원)에 달한다. 단순히 매출 규모만 비교하자면 같은 해 LG화학 KOSPI:051910을 훌쩍 뛰어넘는 매출을 내고 있다. 일반인에게는 생소한 기업이 어떻게 이런 매출을 낼 수 있는 걸까? 다양한 요인이 있겠지만, 써모 피셔 사이언티픽의 성장에 가장 큰 영향을 미친 것 중 하나는 의약품 시장의 성장 그 자체다. 그리고 그 핵심에는 바이오의약품이 있다.

2010년 전 세계 바이오의약품 매출은 1,290억 달러(약 144조 원)로 추산된다. 그 후 10년이 지난 2019년 전 세계 바이오의약품 매출은 2,580억 달러(약 288조 원)으로 연평균 7%씩 성장했다. 써모 피셔 사이언티픽의 경우도 10년 전인 2010년의 매출 규모는 연간 104억 달러(약 11조 6,000억 원)에 불과했다. 그로부터 10년 동안 연평균 성장률 9%라는 성장 규모를 유지했고, 매출이 255억 달러(약 28조 5,000억 원)까지 올라가게 된 것이다. 실제로 주가 흐름은 더 극적으로 변했는데, 2010년 1월 4일 기준 45.58달러였던 주가는 2019년 12월 30일 기준 324.26달러로 마감했다. 10년간 주가가 무려 711%나 폭등한 것이다. 같은 기간 미국의 대표적 주가지수 중 하나인 S&P500 지수가 1,132.99에서 3,221.29로 284% 증가한 것과 비교하면 써모 피셔 사이언티픽의 성장은 더욱 두드러진다.

바이오의약품을 포함한 의약품 개발은 그 자체가 매우 높은 위험을 지는 고위험-고수익 투자의 일종이다. 그래서 혹자는 개별 바이오-제약기업에 대한 투자를 일종의 '복권'이라고 비유하기도 하는데, 관련 분야에서 높은 수준의 교육을 받고 지식을 쌓은 사람들도 예측의 정확성을 높일 수는 있을지언정 의약품 개발의 성공을 예단하긴 힘들다. 하물며 의약학 분야를 전공한 것도 아니고, 관련 분야 지식에 대한 판단이 힘든 일반 투자자들은 기대감과 운에 자산을 걸 수밖에 없는 환경으로 내몰리게 된다.

그런데 개별 투자자들이 그런 리스크를 꼭 회사와 공유할 필요는 없다. 시장 규모가 커지면 그에 따라 납품 규모와 매출이 커지는, 비유하자면 '복권방'과 같은 역할을 하는 써모 피셔 사이언티픽 같은 기업도 있기 때문이다. 개별 제약사가 의약품 개발에 최종적으로 실패하더라도, 기껏 개발한 제품이 시장점유율을 얻지 못하더라도 그 기업들은 연구개발과 생산 과정에서 써모 피셔 사이언티픽 같은 회사가 판매하는 소모품을 구매할 수밖에 없다. 복권처럼 대박은 없지만, 안정적인 복권방에 투자하는 저위험-중수익 투자도 충분히 매력적인 선택이다.

08

후기 개발 단계의 기술이전 계약 전략

비임상시험을 완료하고 임상시험으로 진입하기 위해서는 임상시험 계획서를 허가기관에 제출해야 한다. FDA 허가과정에서는 이를 IND(Investigational New Drug) 신청이라고 부르는데, 앞서 소개했던 비임상시험들은 사실 IND를 신청하기 위한 필수항목들인 경우가 대부분이다. IND 신청을 위한 조건을 모두 충족하면 임상시험 허가 담당기관인 국내의 식품의약품안전처나 미국 FDA, 유럽 EMA 등이 드디어 임상시험을 승인하게 된다.

신약 허가를 위한 임상시험은 총 세 단계를 거친다. 건강한 사람을 대상으로 '인체'에 처음으로 약을 투여해 약의 체내 분포와 안전성을 확인하는 **임상 1상**, 소규모의 실제 환자를 대상으로 약의 유효성을 주로 평가하는 **임상 2상**, 대규모 환자를 대상으로 유효성을 확정하는 임상 3상이다.

이들 임상시험의 개별적인 결과도 물론 중요하지만, 국제적인 판매허가를 위해서는 한 국가에서 단일 인종을 대상으로 하는 임상시험이 아닌 다인종을 대상으로하는 글로벌 임상시험이 필수적이다. 따라서 신약을 개발하는 국내 기업도 임상시험을 어떤 나라에서 할지 결정해야만 하는데, IND 신청을 위한 규제 수준도 나라마다 조금씩 수준 차이가 난다. 국내 혹은 주요 선진국이 아니라 아프리카나 동남아 등의 개발도상국에서만 임상시험을 진행하는 경우는 선진국에서의 IND 신청을 위한 최소 요건도 맞추지 못해서일 가능성이 크다. 임상시험만 진행한다고 해서 덜컥이를 신뢰해서는 안 되고 어느 국가에서 시행하는지를 명확히 확인해야 하는 이유이다. 각 단계별로 차근차근 살펴보자.

임상시험의 성공 확률과 비용

임상시험의 성공 확률은 대략 어느 정도 될까? 미국 FDA에서 승인을 받고 2006년부터 2015년까지 진행된 임상시험을 살펴보면 임상 1상 시험은 63%, 임상 2상 시험은 31%, 임상 3상 시험은 58%로 나타났다. 임상시험을 모두 끝마친 다음 규제 당국에 허가신청을 하더라도 최종 허가를 받는 건 그중 85%뿐이다. 즉, 임상 1상에 진입한 약물이 최종 허가를 받을 가능성은 9.6%에 불과하다. 문제는 이 데이터가 임상시험 진행 경력이 풍부한 글로벌 제약사까지 모두 포함한 것이란 점이다. 중소규모 제약사나 바이오벤처의 임상시험 성공률은 평균치를 밑돈다. 따라서 임상시험을 진행하고 있는 회사에 투자를 고려하고 있다면, 이 수치보다 조금 더 보수적인 값을 잡고 투자하는 것이 바람직하다. 구체적으로 각 단계와 비용을 뜯어보자.

먼저 임상 1상이다. 소동물에서 중동물, 대동물로 이어진 동물실험의 결과, 약물이 생체 내에서 어떻게 움직이는지에 대한 데이터는 사실 비임상시험 단계에서 거의 얻어졌다고 봐도 무방하다. 이 과정에서 약물의 독성에 대한 데이터도 같이 얻는다. 체중

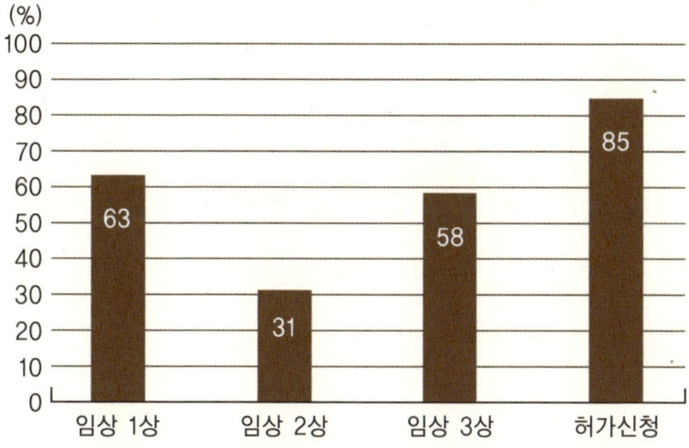

그림 8-1 각 단계별 임상시험 성공률

당 최대 얼마만큼 투여해도 동물에 아무런 독성을 나타내지 않는지가 결정되는 것이다. 이 범위 안에서 유독 인간에게만 나타나는 부작용이 있는지를 파악하는, 일종의 인간 대상 최종 안전성 시험이 임상 1상 시험이다. 이 단계는 특정 질병을 앓는 환자가 아닌 건강한 사람을 대상으로 하니, 성공률이 다른 임상시험에 비해서 훨씬 높다.

여러 자료에 따르면 임상 1상 시험을 진행하는 데 드는 비용은 국내에서는 대략 10억 원에서 15억 원, 미국에서는 400만 달러(약 45억 원) 정도로 추산된다. 이 비용을 투자해서 63%의 확률로 임상시험을 통과하면, 불확실성이 감소된 만큼 기술이전을 할 때 받을 수 있는 돈은 투자비 이상으로 증가한다. 그래서 성공률이 임상 1상에 비해 확 떨어지는 임상 2상을 진행하지 않고, 임상 1상을 마친 상태로 기술이전 계약을 하는 약이 많다.

두 번째는 임상 2상으로 여기서부터 실제 환자를 대상으로 약의 유효성을 평가하기 시작한다. 임상 2상은 다시 임상 2a, 임상 2b로 나눠서 진행하기도 하는데, 2a에서는 약을 다양한 용량으로 시험해서 어떤 용량이 최적인지를 결정하고, 임상 2b에서는 2a에서 정해진 용량을 바탕으로 약의 유효성을 평가한다. 최초로 환자를 대상으로 진행하는 임상시험이기도 하고, 기존에 해당 질병을 치료하는 약이 있다면 이와의 비교도 직간접적으로 진행해야 하니 결과가 나쁘면 임상 3상으로 진행하지 못하고 멈추는 경우가 많다. 그래서 성공률이 오히려 임상 3상보다도 더 낮아지게 되는 것인데, 임상 2상 시험에 드는 비용은 국내에서는 대략 40억 원, 미국에서는 1,300만 달러(약 145억 원) 정도로 추산된다.

임상 3상은 대규모 환자를 대상으로 실제 해당 의약품이 환자에게 얼마나 효과가 있는지를 입증하는 최종 단계이다. 의약품의 효과에는 여러 가지가 있겠지만, 임상시험에서는 검증하고자 하는 효과를 명확하게 구체화한 후에 임상시험을 진행한다. 그래서 주된 효과로서 입증하고자 하는 것을 1차 임상목표primary endpoint라고 하고, 그 외에 부가적으로 얻어지는 효과를 2차 임상목표secondary endpoint라고 정한 다음 이들 목표치를 얼마나 달성했는지를 임상시험 과정을 통해 증명하는 것이다. 가령 항암제의 경우 1차 임상목표는 암이 얼마나 줄어들었는지 혹은 환자의 생존연수가 얼마나 증가했는지 정도로 정해지는 경우가 많고, 2차 임상목표는 암 환자의 고통이나 삶의 질이 얼마나 나아졌는지 등으로 정해지는 경우가 많다.

그래서 특정 항암제의 임상시험을 진행했는데 1차 임상목표를 달성하지 못했다면, 그 약은 본질적으로는 약효 입증에 실패했다는 말이 된다. 2차 임상목표(가령, 삶의 질 증가 등등)가 몇 개나 달성됐는지를 강조하는 게 별다른 의미가 없다는 말이다. 국내 비용은 대략 70억 원, 미국에서는 2,000만 달러(약 224억 원) 정도의 막대한 비용이 든다. 이렇게 임상 3상 시험이 성공적으로 끝나 1차 임상목표를 달성했다면, 이제 자료를 모아 규제기관에 의약품 판매허가를 신청해야 한다. 하지만 보통은 이 단계를 자체적으로 밟지 않는 경우가 많다. 대부분의 제약사는 임상 3상을 마친 후 허가절차와 판매를 오롯이 글로벌 제약사에게 위임하는 형태의 로열티 계약을 맺는 경우가 흔하다.

임상시험을 한 번에, 병행 임상 전략

앞에서 소개한 세 종류의 임상시험은 가장 보편적인 방식의 임상시험 절차다. 임상 1상에서 안전성과 인체 내 약물의 분포를, 임상 2상에서 실제 약효를, 임상 3상에서 대규모 검증을 진행하는 것이다. 그런데 최근에는 이와 같은 전통적인 임상시험 절차가 아닌, 조금 독특한 방식의 임상시험 절차도 등장하고 있다. 1상, 2상, 3상의 형태로 개별 임상시험을 완전히 분리한 것이 아니라 1상과 2상을 혹은 2상과 3상을 병행해서 동시에 하나의 임상시험처럼 진행하는 것이다. 이런 방식의 임상시험을 병행 임상시험seamless clinical trial이라고 부르는데, 영문 명칭에서 알 수 있듯이 '이음매 없는seamless' 방식으로 임상시험을 구성하는 것이 핵심이다.

병행 임상은 1상에서 2상으로 넘어가며 발생하는 시간적 소모와 비용적 소모를 줄이기 위해 1상과 2상을 같이 시행하고, 2상에서 3상으로 넘어가며 발생하는 시간적 소모와 비용적 소모를 줄이기 위해 2상과 3상을 같이 시행하게 된다. 물론 무작정 아무 약물에나 적용하는 것은 아니고, 주로 임상적 시급성이 큰 질환이나 임상시험에 참가할 수 있는 환자의 절대적인 수가 적은 질병이 대상이다. 쉽게 말해 당장 약을 사용하지 않으면 생명에 지대한 영향이 미치는 암과 같은 질환이나, 애초에 환자 수가 너무 적어 2상과 3상을 각각 다른 환자를 새로이 모집하기가 어려운 희귀질환 같은 경우에 제한적으로 이런 방식을 사용한다.

가령 2020년에 진행된 다양한 코로나19 백신 임상시험은 1상과 2상을 병행(1/2상)하는 임상시험 형태로 진행된 경우가 많았다. 세계적인 코로나19 대유행이 점점 심각해지고 있는 상황이었기에 인체를 대상으로 하는 안전성 검증을 주요 목적으로 하는 1상 시험을 유효성 평가를 하는 2상 시험과 결합해 임상시험에 소요되는 시간을 획기적으로 단축시켰다. 비슷하게 코로나19 치료제로 개발된 길리어드사의 렘데시비르의 경우도 2상과 3상을 같이 진행하는 형태(2/3상)로 임상시험을 진행했다. 치료제의 빠른 허가를 위한 시간 단축도 목적이었겠지만, 마땅한 치료제가 없는 상태에서 중증 코로나 환자의 생명을 구하기 위해서는 임상 2상 시험을 진행한 다음 그 결과를 정리해서 임상 3상 환자를 새로 모집하는 형태가 부적절하다는 판단이 더 주요했을 것이다.

이렇듯 시급한 필요성이 인정되는 경우에는 기존의 분절된 임상시험 형태가 아닌 병행 임상시험 형태를 택할 수도 있다. 다만 말처럼 쉬운 일은 아니다. 제대로 된 역량을 갖추지 못한 제약사가 어설프게 시도했다간 이것도 저것도 아닌 결과를 얻어 임상시험을 아예 새로 시작해야 하는 경우도 있다. 두 단계의 임상시험을 결합한 만큼 설계도 까다롭고, 분석도 만만치 않기 때문이다. 이런 병행 임상을 진행할 때는 전통적 임상시험보다도 결과 예측이 더 어렵기 때문에 투자자에게도 더 큰 주의가 요구된다. 다만 병행 임상이라고 하더라도 중간 결과가 아예 도출되지 않는 건 아니므로 발표되는 중간 데이터를 보고 결정하는 것이 바람직하다.

병행 임상까지 살펴봤으니, 이제는 투자자 관점에서 각 임상 단계를 한 번 살펴보자. 투자자 관점에서 가장 리스크가 적은 단계는 임상 1상에 진입하는 시점과 임상 3상에 진입하는 시점이다. 임상 1상은 거의 실패하지 않고, 실제 효과 검증은 임상 2상부터 진행되니 설혹 신약개발 역량에 대한 우려가 생기더라도 임상 1상 성공 직후에 엑시트 하면 그만이다. 다만 이런 방식은 임상 1상에 진입하는 시점을 비교적 명확히 알아야 한다는 점, 그리고 비임상시험 데이터를 어느 정도는 해석할 능력이 있어야 완전히 사기에 가까운 회사를 걸러 낼 수 있다는 한계가 있다.

그래서 현실적으로 가장 좋은 시점은 임상 2상 시험을 성공적으로 마치고 임상 3상 시험에 진입하기 직전이다. 제약사가 임상 2상 결과를 바탕으로 기술이전을 할 수도 있고, 임상 3상 시험에 진입한다면 확률적으로 임상 2상 시험 진입 시와 비교해 실패 확률이 낮기 때문이다. 만약 임상 2a상과 임상 2b상이 나뉜다면 더 신뢰할 수 있는 건 실제로 약효평가를 대규모로 진행하는 임상 2b상이다. 물론 가장 큰 수익은 임상 1상부터 함께하는 투자자들이 거두겠지만, 그들은 그만큼 위험도 같이 분담한다는 점을 꼭 명심해야 한다.

기술이전 계약의 함정, 마일스톤 계약

임상시험까지 다 살펴봤으니 드디어 기술이전 계약에 대한 이야기다. 기업 공시 혹은 언론 기사를 통해 기술이전 계약 소식을 접하면 마음을 다잡고 잠시 차분해질 필요가 있다. 어떤 기업이 1조 원짜리 기술이전 계약을 체결했다고 하면 당장 회사의 기업가치가 1조 원이 늘어난다거나, 매출이 1조 원이 늘어난다는 생각이

들지만 실제로는 전혀 그렇지 않다. 여기서 1조 원은 기술이전 계약의 결과로 얻을 수 있는 '총액'일 뿐, 당장 재무재표에 잡히는 돈이 아니다. 일반적인 제약업계의 기술이전 계약은 크게 두 단계의 금액으로 구분된다.

첫 번째는 계약금 조로 받는 업프론트upfront이다. 이 돈은 기술이전 계약을 체결하는 즉시 기업에게 지급되는 돈으로, 당해 실적에 바로 적용이 된다. 그렇지만 금액 자체는 그리 크지 않은 경우가 대부분이다. 보통은 기술이전 계약 총액이 1조 원이라면 이 금액의 10% 이내인 1,000억 원 정도의 금액을 받는다. 개발 단계가 더 많이 진행되었을수록 계약금도 올라가며, 비임상시험 단계에서 기술이전을 하는 경우엔 계약금이 전체 총액의 5%도 안 되는 경우도 허다하다. 계약금이기에 기술이전 계약이 취소되어도 반환의무가 없는 돈이지만, 전체 금액 중 차지하는 비중은 꽤 낮다고 할 수 있다. 기술이전 계약 금액을 그대로 받아들여서는 안 되는 이유다.

두 번째는 개발의 특정 단계를 달성할 시 받는 마일스톤milestone 계약금이다. 예를 들어 임상 1상을 마친 약을 기술이전 계약으로 글로벌 제약사에 1조 원에 판매했다고 가정해 보자. 그러면 기술이전이 성사된 이후, 약이 실제로 허가를 받기까지 거쳐야 하는 과정들이 존재한다. 임상 2상, 임상 3상, 최종 의약품 허가 등의 단계를 일종의 단계별 이정표milestone로 삼고 그 단계를 달성할 때마다 금액을 지불하도록 계약금을 설정하는 것이다. 이런 방식의 마일스톤을 '개발 마일스톤'이라고 부른다. 개발 단계를 지나 허가를 받는 데 성공하면 다시 '허가 마일스톤' 대가를 받는데 금액 측면에서는 허가 마일스톤이 가장 크다. 각 단계의 후반부로 갈수록 받을 수 있는 금액이 점점 커지는 것이다. 이 점이 무척 중요한데, 이런 방식의 계약은 글로벌 제약사들이 철저하게 약의 효과와 시장성만 보고 냉정한 판단을 내리게 만든다.

가령 자체적으로 찾아낸 신약 후보물질을 나홀로 개발하는 제약사라면, 임상 2상에서의 결과가 나빠도 이를 쉽사리 포기하지 못한다. 주된 신약 후보물질을 포기하면 제약사의 존재 자체가 흔들릴 수도 있고, 두 번째 기회는 주어지지 않을 수도 있어서다. 매몰비용을 포기하지 못하고 꾸역꾸역 임상 3상을 진행하지만 결과는 크게 달라지지 않고, 차일피일 결과 발표를 미루다 결국은 개발 포기를 선언하게 된다. 그러면 주가는 폭락하고 회사는 스캠scam으로 낙인찍혀 시장에서 사실상 퇴출된다. 바이오 투자 경험이 많은 독자라면 몇몇 회사의 이름이 머릿속을 스쳐 지나가시리라.

기술이전 계약은 제약사가 초기 투자비용을 어느 정도 회수하게 해 주어 '못 먹어도 고'라는 잘못된 판단을 내리지 않게 해 주면서도, 실제 그 약의 개발을 계속 진행함으로 인해 발생하는 추가적인 비용(마일스톤 계약금)을 지불할 가치가 있는지를 판단하게 하여 더 명확한 의사결정을 내릴 수 있도록 해 준다. 바꿔 말해 결과가 나쁘면 언제든 권리반환을 해서 계약을 무효로 만들 수 있다는 뜻이다. 그러면 이미 수령한 업프론트 계약금과 마일스톤 계약금을 제외한 나머지 기술이전 비용은 백지화된다.

실제로 이런 일이 국내 대형제약사인 한미약품KOSPI:128940에서도 일어났었다. 한미약품은 2015년 말, 당시로는 최대 규모인 39억 유로(약 5조 2,800억 원)의 기술이전 계약을 성사시키고 한 달여 만에 주가가 2배로 치솟았다. 계약금만 4억 유로(약 5,400억 원)를 받은 초대형 계약이었는데, 결국 2020년 중순에 계약 당사자인 사노피가 기술반환을 하며 나머지 계약금은 물거품이 됐다. 기술이전 계약은 당연히 큰 호재이고 신약개발 과정을 오롯이 감당하기 힘든 중소 제약사에게는 거의 유일한 선택지이다. 하지만 언제든 권리반환이 이루어질 수 있다는 점과 기술이전 계약 '총액'이 실제 회계상으로 잡히는 수익과는 무관하다는 점을 꼭 기억해야 한다. 물론 가장 이상적인 경우에는 최종 허가를 받는 데 성공해 마일스톤 계약금은 당연하고, 매출액의 특정 비율을 로열티 형태로 받을 수도 있지만 말이다.

사례노트

임상시험 수탁기관 CRO와 아이큐비아

임상시험은 사람을 대상으로 진행하는 연구이다 보니 관련된 규제도 무척 방대하고, 시험 진행 과정에서 돌발적인 상황도 많이 발생한다. 따라서 임상시험의 설계에서부터 운용, 결과 분석까지 경험 있는 전문 인력들의 존재가 필수적이지만 임상시험 여러 개를 상시적으로 진행하는 회사가 아니라면 회사 내에 관련 인력을 지속적인 고용상태로 두긴 힘들다. 결과적으로 대부분의 임상시험은 제약회사 외부의 임상시험 수탁기관인 CRO(Contract Research Organization)•가 맡아서 진행하게 되는데, 임상시험 시장도 소수 업체가 시장점유율의 절대다수를 차지하는 과점 시장이 오랫동안 유지되고 있다. 그 핵심에 있는 업체가 세계 최고의 임상시험 수탁기관인 아이큐비아IQVIA, NYSE:IQV이다.

• 꼭 임상시험 위탁수행만 진행한다기보단 연구를 위탁수행하는 모든 업체를 뜻하는 용어다. 실제로 비임상시험을 전문적으로 진행하는 CRO도 많은데, 일반적으로는 임상시험 위탁수행 업체를 지칭하는 경우가 많다.

임상시험은 어떤 종류의 질병에 대한 임상시험을 진행하냐에 따라서도 업체별 전문성이 엄청나게 차이가 난다. 가령 고혈압이나 당뇨병 같은 만성질환의 경우 명백한 생물학적 지표인 혈압, 혈당 수치가 존재하기 때문에 이에 대한 측정 자체가 문제라기보단, 오랜 기간 약을 빼먹지 않고 복용하도록 환자를 꾸준히 관리하는 것이 주된 어려움 중 하나이다. 반대로 명백한 생물학적 지표가 없는 정신질환의 경우, 정확히 무엇을 핵심 지표로 삼을지에 따라 같은 약이라도 '효과'에 대한 판단 자체가 달라질 수 있다. 막대한 비용이 투입되는 의약품 개발 과정에서 임상시험 설계 실수 혹은 운영 미숙으로 인해 의약품 개발 자체가 엎어지는 불상사가 일어나는 것을 감당하고자 하는 제약사는 없다. 결국 높은 비용을 지불하더라도 개발하고자 하는 의약품에 대해 전문성이 있는 CRO를 선택할 수밖에 없다. 모든 질병군에 대한 포괄이 가능한 아이큐비아 같은 대형 CRO들이 과점 시장을 형성하고 있는 이유이다.

여기에 더해, 아이큐비아는 특유의 장점이 한 가지 덧붙는다. 원래 위의 설명에 부합하는 업체는 아이큐비아가 아니라 퀸타일즈Quintiles라는 CRO였는데, 2016년 전혀 다른 분야의 업체인 아이엠에스Intercontinental Medical Statistics, IMS와 합병을 진행했다. 아이엠에스는 전세계의 처방의약품 데이터를 폭넓게 보유하고 있는 세계 최고의 의료정보 업체다. 특정 국가에서 의약품 판매량을 확인하기 위해서는 아이엠에스 데이터를 취득하는 것이 가장 신뢰성 높고 간편한 방법이고, 그

외에도 의약품 개발 현황이나 여타의 포괄적인 의료데이터에 관한 데이터를 얻기 위해서는 방대한 아카이브를 구축하고 있는 아이엠에스와의 협력이 반쯤 필수적이었다. 각자 분야에서 최고의 업체 두 곳이 합병함으로써 의료정보 제공과 임상시험 위탁수행이라는 두 분야가 합쳐졌고, 아이큐비아는 CRO 중에서도 다른 회사는 할 수 없는 의료정보 제공 역량까지 독점적으로 확보했다.

써모 피셔 사이언티픽이 의약품 시장 규모가 커짐에 따라 비슷한 수준의 성장을 달성한 것처럼, 아이큐비아 역시 의약품 개발이 활발하게 늘어나며 그 수혜를 직접적으로 입고 있다. 2015년 전 세계 임상시험 시장 규모는 약 290억 달러(약 32조 4,000억 원)였고, 2019년 406억 달러(약 45조 4,000억 원)로 연평균 8.7%씩 증가했다. 아이큐비아의 매출은 2015년 57억 달러(약 6조 4,000억 원)에서 2019년 111억 달러(약 12조 4,000억 원)로 같은 기간에 연평균 14%를 성장하면서 시장의 평균 성장률을 압도하는 성과를 냈다. 같은 기간 주가도 폭발적으로 증가했는데, 2015년 1월 2일 59.11달러에서 2019년 12월 30일 153.45달러로 160% 상승했다. 연평균 21%가량 주가가 증가한 것이다. 의약품 개발은 지금도 계속 증가하고 있고, 이에 비례해서 임상시험 진행 건수 역시 늘어나게 될 것이다. 임상시험 시장 성장의 가장 큰 수혜자가 아이큐비아임을 꼭 명심하자.

09

개발 이후: 허가, 생산 그리고 판매

기술이전 계약은 세계적으로 매우 보편적인 방법이지만, 모든 제약사가 이런 방식을 선택하는 것은 아니다. 생각보다 많은 수의 제약사들이 독자적으로 신약개발을 진행해 허가를 받고 있고, 국내 제약사도 예외는 아니다. 실제로 우리나라 제약사가 자체 개발해 식약처 허가를 받은 신약이 30개나 되니 그리 적은 수가 아닌데, 그중 상업적으로 성공한 약은 한 손에 꼽을 정도다. 나머지 약은 기술이전을 안 했다기보다는 못한 것에 가깝고, 국내 시장을 노리고 허가는 받았으나 국내 의료진에게도 외면받았다. 물론 이런 사례들은 초창기에 개발된 신약들의 얘기다. 현재는 국내 제약사들의 신약개발 역량도 꾸준히 개선되었고, 국내 시장은 물론 해외 시장까지 공략하는 신약도 등장하고 있다. 앞의 두 장에서 개발 과정을 모두 살펴봤으니 이제 허가와 생산 그리고 판매 부분을 살펴보자.

글로벌 신약으로 가는 길, FDA 허가

임상시험을 3상까지 무사히 마치면 드디어 신약 후보물질을 판매할 수 있도록 규제기관에서 시판 허가를 받아야 한다. 이 절차를 신약 허가신청, FDA 절차상으로는 NDA(New Drug Application)라고 부른다. 그냥 별것 아닌 서류제출 과정으로 보일 수도 있지만, 메디컬 라이터medical writter라는 특수한 허가전담 인력들이 붙어서 최소 1년 정도는 준비해야 하는 무척 까다로운 절차다. 애써 제출한 자료에 보완 사항이 있으면 지속적인 반려와 보완 요청을 당하기도 하고, 심한 경우에는 아예 임상시험을 새로 진행하라는 요구를 받을 수도 있기 때문에 결코 만만하게 볼 수 없는 과정이다.

국내 제약사 중에서 이 단계까지를 오롯이 자력으로 완수한 곳으로는 SK바이오팜KOSPI:326030이 유일하다. 자체 개발한 뇌전증 신약의 성공 여부를 떠나서, 미국 FDA에서 신약을 허가받는 절차를 회사 차원에서 혼자 진행한 경험 자체가 매우 귀중한 것이라 추후 다른 신약을 개발·허가받는 과정에서 큰 메리트가 있다. 그런데 여기서 한 가지를 먼저 짚고 넘어가야 한다. 대체 왜 전 세계 모든 제약사는 자신이 개발한 신약 후보물질을 굳이 미국 FDA에서 허가를 받으려고 노력하는 것일까? 그 이유는 크게 두 가지다.

첫 번째는 전 세계 의약품 시장에서 미국 의약품 시장이 차지하는 규모가 매우 크기 때문이다. 2018년 기준 전 세계 의약품 시장의 규모는 1조 2,000억 달러(약 1,342조 원) 정도인데, 미국 시장만 따로 떼더라도 4,850억 달러(약 542조 원)에 달한다. 전체 의약품 시장의 40%를 한 국가가 차지하는 것이다. 같은 시기 우리나라 의약품 시장은 158억 달러(약 18조 원)로, 전 세계 의약품 시장

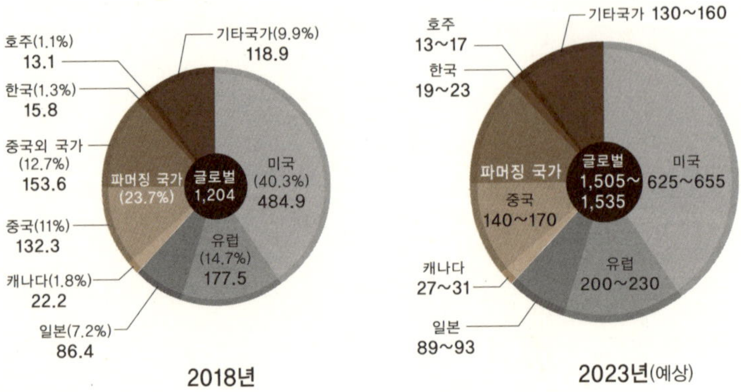

그림 9-1 전 세계 의약품 시장 규모 비교

출처 : 한국제약바이오협회

의 1.3%에 불과하다. 한 회사에서 한국 의약품 시장의 90%를 점유하는 것보다는 미국 시장의 3%를 점유하는 것이 상대적으로 쉽겠지만, 금액으로 따져보면 두 경우의 매출은 거의 비슷하다. 특허권으로 보호되는 기간 내에 최대 수익을 올리기 위해서는 미국이라는 큰 시장에 진출해야만 하는 것이다. 동일한 논리로 미국 다음가는 시장인 유럽연합도 신약을 개발하는 제약사가 공략해야만 하는 주요 시장이다. 그래서 유럽 EMA에서의 허가도 동시에 밟는 경우가 대부분이다. 이렇게 미국 FDA와 유럽 EMA에서 판매허가를 취득하면, 전 세계 의약품 시장의 55%가 공략 가능한 시장으로 바뀐다. 이들 기관에서 허가를 받기 위한 인적 역량과 자본 조달력만 갖추고 있다면 시도하는 것이 합리적인 선택이다.

두 번째는 조금 역설적인 이유인데, 미국 외의 다른 시장에 진출하기 위해서도 FDA에서 허가를 받는 과정이 필요하기 때문이다. 이유는 단순한데, 세계 대부분의 국가에서는 자체적으로 신약 후보물질의 안전성과 유효성을 검증할 능력이 없다. 오늘날 우리나라의 과학 기술과 의학 수준이 선진국 반열에 올라서서 잘 상상이 안 될 수도 있지만, 과거 우리나라에는 별도의 의약품 규제기관이 존재하지 않았다. 보건복지부 산하의 '위생국'에서 식품과 환경에 대한 위생을 다뤘을 뿐이지 의약품에 대한 별도의 심사를 한다는 것은 꿈도 꿀 수 없는 일이었고, 의약품 사용의 절대 기준은 미국 FDA에서 승인을 받았는지였다.

현재도 많은 개발도상국이 FDA 혹은 그에 준하는 권위를 가진 규제기관에서 허가를 받았는지를 바탕으로 자국 내 의약품 시판 허가 여부를 결정하고 있다. 우리나라의 식약처와 같이 자체적으로 신약에 대한 허가·심사를 진행할 수 있는 규제기관은 많이 잡아도 세계적으로 15개 정도에 불과하다. 글로벌 신약을 개발할 수 있는 수준의 역량을 갖춘 제약사가 있는 나라는 평균적인 의약학 수준도 높으므로 자국에서는 자체적인 규제기관의 심사를 통해 허가를 받을 가능성이 크다. 이를 통해 자국 시장에서만 의약품을 판매할 수도 있겠지만, 미국이 아닌 타국에 수출을 고려하더라도 FDA 허가는 반쯤 필수라는 얘기다. 국제적으로 가장 권위를 인정받는 규제기관이 FDA여서 생기는 재미있는 현상이다. 자국이 됐건, FDA나 EMA가 됐건, 규제기관의 시판 허가를 받는 데 성공한다면 이제 생산을 할 때다.

제약업계의 '슈퍼 을' CMO

1장에서 간략하게 진입장벽을 설명하며 다뤘지만, 의약품 생산을 위한 시설은 기준이 무척 까다롭고 이를 유지하기 위해 투입해야 하는 인력도 만만치 않다. 특히나 주요 선진국의 규제기관에서는 의약품 생산 시설에 대한 엄격한 기준인 '우수 의약품 제조·관리 기준Good Manufacturing Practice, GMP'을 반드시 준수하도록 규정하고 있는 경우가 많은데, 해외에 위치한 생산 시설이라고 해서 단순히 서류상으로만 점검하는 게 아니라 실제로 규제기관 담당자들이 현장에 나가는 실사를 의무화하고 있다.

우리나라는 의약품상호실사협력기구PIC/S에 소속되어 있어 국내 식약처의 실사만으로 주요 선진국 규제기관의 실사를 대체할 수 있지만, 만약 PIC/S 미가입국인 국가에 위치한 제약사가 자사가 개발한 신약을 FDA에서 판매허가를 받으려면 실제 FDA 담당자들이 자사 제품을 생산하는 공장을 방문하는 실사 과정을 거쳐야만 한다. 그래서 보통의 제조업 기업은 자사 공장을 선진국에서 개발도상국으로 옮기는 방식으로 생산 비용을 절감할 수 있지만, 제약기업은 시설 기준과 인력 기준을 맞추려면 무작정 개발도상국으로 옮길 수도 없다. 상황이 이렇다 보니, 정기적으로 대량의 의약품을 생산하는 기업이 아니라면 GMP 인증을 받은 생산 시설을 보유하는 것이 절대로 수지타산이 맞지 않는 일이 된다. 게다가 의약품 역시 생산 규모가 커질수록 단위생산비가 줄어드는 규모의 경제가 적용되는 분야라, 소규모 GMP 시설에서 소량의 의약품을 비정기적으로 생산하는 것은 여러모로 손해다. 이런 배경에서 제약업계에서 유독 두드러지게 나타나는 생산 방식이 나타났는데, 바로 제약 위탁생산 기업contract manufacturing organization, 보통은 약어인 CMO로 불리는 기업들이다.

비슷하게 위탁생산이 일반화된 반도체 업계와 비교해 보면 이해하기가 쉬운데, 애플이나 AMD 같은 반도체 회사는 연구개발과 제품설계만 할 뿐 자체적인 생산 시설을 갖추고 있지는 않다. 그러므로 이들 회사의 생산 물량을 받아 설계된 대로의 제품 생산만을 전담하는 대만의 TSMC 같은 파운드리foundry 기업도 따로 존재하는데, 제약기업에서는 이 역할을 CMO가 담당한다. 앞서 설명한 요인에 의해 CMO는 규모가 클수록 평균생산단가를 낮출 수 있으므로, 반도체 업계의 파운드리 기업과 마찬가지로 점차 덩치가 큰 기업 위주로 시장이 재편되는 과점 형태로 변해 간다. 차이점이 있다면 주된 생산 제품에 따라 필요한 장비와 시설이 달라지니 CMO도 업종별로 나뉘게 된다는 점이다.

가령 언론 등에서는 뭉쳐서 바이오의약품 CMO로 묶이지만, 삼성바이오로직스는 바이오의약품 중에서도 CHO 세포를 배양해서 생산하는 항체의약품 등에 주된 생산 역량이 있는 회사이고, 한미약품은 대장균을 배양해서 생산하는 바이오의약품에 특화된 생산 설비를 갖추고 있다. 이런 경우, 두 기업은 애초에 목표로 하는 생산 제품이 달라 경쟁 관계가 아니므로 두 기업의 생산 규모 등을 비교하는 건 무의미한 일이다. 또한 녹십자KOSPI:006280 같은 경우도 백신 생산에 있어 세계적인 수준의 CMO 설비를 갖추고 있지만, 이는 만들어진 백신 원액을 멸균 공정을 통해 용기 형태로 포장하는 후반부 작업에 대한 능력이지 어떤 형태의 백신이건 모두 위탁생산을 할 수 있다는 의미가 전혀 아니다. 세부 분야별로 설비와 규모를 갖춘 기업들이 과점하는 시장인 것이다.

이와 같은 CMO 산업의 성격 탓에, 시장을 과점하고 있는 주요 CMO 기업은 위탁생산 계약을 통해 원청에서 발주한 제품을 생산하는 '을'이긴 하지만 실질적으로는 '슈퍼 을'의 위상을 지닌다. 예를 들어, 특정 기업이 세계 최초로 치매를 완전히 치료할 수 있는 바이오의약품을 개발했다고 가정해 보자. 2장에서 살펴봤듯, 아무리 좋은 신약을 개발한다고 하더라도 개발사가 돈을 벌 수 있는 시간은 특허권 보호를 받을 수 있는 기간으로 한정된다. 제한된 시간 내에 전 세계의 치매 환자를 대상으로 자사가 개발한 의약품을 판매하기 위해서는 단일 생산공장에서 가장 많은 생산량을 감당할 수 있는 우리나라의 삼성바이오로직스나 스위스의 론자, 독일의 베링거인겔하임Boehringer Ingelheim과의 위탁생산 계약 수주가 필수적이다. 자체적으로 대규모 생산 시설을 갖추고 자사가 개발한 의약품을 생산하는 것도 장기적으로는 나쁜 선택은 아니겠지만, 대규모 바이오의약품 생산 시설을 갖추고 GMP 규정을 준수할 정도로 운용하기 위해서는 막대한 시간과 비용 투자가 따른다. 허가를 받기 전에 설비투자부터 시작하는 건 위험부담이 지나치게 큰 일이고, 허가를 받은 후에 설비투자를 하는 건 독점판매가 가능한 특허 기간을 날려 먹는 일이니 둘 다 현실성이 그리 높지 않다.

이런 점 때문에 CMO 사업을 주력으로 하는 기업은 대규모 생산 시설을 갖추는 것 자체가 후발주자의 진입을 막아 내는 효과적인 방어 수단이다. 동시에 특정 분야 의약품의 생산이 완전히 중단되지 않는 한은 꾸준한 위탁생산이 가능하니 위험부담도 적다. 다시 한번 강조하지만, 제약업의 본질은 결국 '제조업'이다. 신약개발에만 전념하는 기업들만이 아니라 CMO 사업을 주력으로 하는 회사들에도 주목해야 하는 이유다.

개발비, 약가 그리고 판매

허가도 받고 생산도 했으면 이제 실제로 약을 팔아야 한다. 보험 적용에 대해서는 3장과 6장에서 충분히 이야기했으니, 이제 실제 가격에 대한 부분을 살펴보자. 어느 제조업이나 마찬가지겠지만, 제품의 '원가'는 단순히 제품 생산에 드는 비용만을 뜻하지는 않는다. 여름철이면 언론의 단골 비난 소재가 되곤 하는 아이스 아메리카노만 놓고 보더라도, '원가'는 물과 얼음, 컵, 원두 가격 외에도 매장 임대료나 전기 요금, 수도 요금 등의 기타 비용을 모두 포함해야만 한다. 조금 더 고급 제품이라면 연구개발비나 브랜드 유지를 위한 광고, 홍보비용 등도 포함되게 될 텐데 여기에 나름대로 정한 마진이 붙으면 최종적인 판매 가격이 된다.

의약품도 예외는 아니라서 단순 원료생산 비용만으로 가격이 정해질 수는 없고, 특허권 만료 이전에 모든 투자비용을 회수하고 거기에다가 추가 마진을 얻어야 회사가 지속가능하니 의약품 가격은 올라갈 수밖에 없다. 그렇지만 의약품의 가격 상승은 환자의 접근성을 떨어트리고, 공공보험이든 민영보험이든 보험사 재정에도 악영향을 미쳐 이미 수십년 전부터 의약품의 '적정 가격'에 대한 논란이 무척 거센 상태다. 그 논란의 핵심은 투자비용, 특히나 연구개발비를 어떻게 산정하느냐에 달려있는데 투자자 관점에서도 이 부분만큼은 꼭 이해하고 있어야 한다. 제약회사가 제시하는 연구개발비는 '기회비용'을 모두 포함하는 값이다.

앞서 써모 피셔 사이언티픽에 대한 소개를 하며 신약개발사에 대한 투자는 일종의 '복권'을 구매하는 것과 유사하다는 말을 했었다. 비유를 그대로 이어가 보자. 어떤 사람이 매일 1천 원씩 10

년 동안 로또를 하루도 빠짐없이 구입했다고 해 보자. 이자율 계산은 빼고 단순계산으로는 365만 원 정도가 들었을 것이다. 그러다 10년차 마지막에 산 로또 한 장이 1등에 당첨돼 당첨금 10억 원을 받았다면, 이 사람이 10억을 벌기 위해 쓴 비용은 얼마로 잡아야 할까? 바로 직전에 구매한 복권 가격인 1천 원일까, 아니면 365만 원일까.

제약회사가 주장하는 것은 후자다. 남는 푼돈으로 재미 삼아 복권을 사는 게 아니라 복권 구매를 생업으로 10년 동안 진행한다면 당연한 논리적 귀결이다. 게다가 보통 제약회사는 신약 후보물질을 하나만 개발하는 것이 아니라 여러 개를 동시다발로 진행하고 있다. 이런 이유로 여러 프로젝트의 비용이 뒤섞이고 혼재되어 정확한 비용 추산은 거의 불가능하다고 봐야 한다. 좀 허무한 결론일 수도 있지만, 제약회사가 부르는 게 값이라는 말이다. 개발비의 정확한 추산이 불가능하다는 점 덕분에 오히려 제약회사는 국가별로 유연한 가격 전략을 택할 수 있다. 가령 현재 특허가 만료되지 않은 당뇨병 신약인 포시가Forxiga®는 미국 기준 30일치의 평균 가격이 620달러(약 70만 원) 정도이다. 같은 약을 우리나라에서 구매하는 경우 30일치 가격은 고작 23,500원에 불과하다. 똑같은 약인데 약값이 30배가량 차이가 나는 일이 벌어지는 것이다.* 이런 식으로 제약회사는 국가별 경제력 수준이나

보험 제도 등의 의료 제도에 맞춰 약가를 조정하고, 이를 통해 개별 국가에서의 이윤을 극대화한다.

제약사가 의약품을 특정 국가에 판매하는 방법은 크게 두 가지로 나눌 수 있다. 첫 번째는 해당국에 지사 등을 세워서 직접 판매를 진행하는 방식이다. 다양한 제품을 판매하고 있는 글로벌 제약사는 보통 이런 방식을 택하고 있는데, 보통은 연구조직을 갖추기보다는 단순히 제품 유통과 영업을 위한 조직만 설립한다. 현실적으로 대부분의 의약품이 의사 처방이 필수적인 전문의약품으로 구분되기에 제약회사 영업사원은 이들을 대상으로 영업 활동을 펼친다. 1장 끝에서 살펴봤듯 신약을 개발한 제약사는 해당 약물에 대한 의학적 효능 홍보에 더 치중하게 되고, 이는 학술대회나 연구용역 등으로 구체화된다. 일반적인 영업직처럼 구매자에 대한 판촉 활동에만 주력하는 것이 아니다. 영업조직이 의약 홍보활동을 벌이는 데 주력한다면, 유통 측에서는 해외에서 생산된 자사 제품을 수입하여 의약품도매상wholesale에 넘기고 그

- 약값 차이가 이렇게 크게 차이나는 이유는 우리나라의 국민건강보험 제도 덕분이다. 제약사는 건강보험공단과 협상을 벌여 국내에 들어오는 모든 약의 가격을 단일가로 정하는데, 건강보험공단에서 제시하는 가격이 맞지 않으면 아예 보험 적용을 받지 못하게 된다. 건강보험공단이 매우 강력한 협상력을 가지게 되는 구조이다. 반대로 미국 같은 국가는 약가가 완전 자율로 결정되어 개별 유통-판매업자들이 제약사와 개별 협상을 벌인다. 제약사 쪽이 조금 더 우위를 가지는 구조이고, 약가는 훨씬 올라가게 된다.

제품이 전국적으로 원활히 유통되도록 관리한다.

두 번째 판매 방식은 지사 조직을 갖추기보다는 특정 국가에서의 판매를 해당 국가에 있는 제약사에 위탁하는 방식이다. 직접 다국적 제약사가 들어갈 정도로 시장이 크지는 않지만, 약에 대한 수요는 어느 정도 있는 중소 규모 국가의 경우 지사를 설립하는 것은 비용 대비 수익이 무척 낮은 일이다. 따라서 해당 국가에서 이미 자리를 잡고 있는 제약사에 약을 판매할 권리를 일정 부분 로열티를 받고 양도하는 것이다. 직접 판매만큼은 아니겠지만 로열티 계약을 통해 판매액의 일정 비율은 무조건 확보가 되므로 개발사 입장에서 그리 나쁜 전략은 아니다. 이제 구체적으로 '얼마'를 벌 수 있는지를 확인해 볼 차례다.

사례노트

올리고핵산 CMO 에스티팜

앞선 챕터에서 바이오의약품의 미래를 이야기하며 RNA의약품이 항체의약품의 뒤를 잇는 새로운 흐름이 될 것이라는 점을 설명했다. 항체의약품도 계속 활발히 개발되겠지만, 새로운 개념의 의약품인 RNA의약품이 본격적으로 개발되고 유통되기 시작하면 바이오의약품 시장에도 큰 변화가 일어날 수밖에 없다. 그런 관점에서 볼 때, 국내 기업 중에도 이런 변화의 수혜를 직접 누릴 수 있는 곳이 있으니 올리고뉴클레오타이드oligonucleotide 전문 CMO 기업인 에스티팜KOSDAQ:237690이다.

RNA 치료제는 크게 두 갈래로 나눌 수 있다. 코로나19 백신처럼 mRNA를 이용해 몸속에 직접 특정 단백질을 발현해 원하는 기능을 수행하도록 하는 게 한 갈래이고, 이와는 반대로 몸속에서 특정 단백질이 발현되는 걸 저해하는 RNA(안티센스 RNA)를 넣어 특정 기능이 발현되지 못하도록 막는 RNA 간섭 치료제가 또 다른 한 갈래다. 둘 중 상대적으로 쉬운 건 안티센스 RNA를 넣어서 단백질 합성을 막는 RNA 간섭 치료제 방식이다. mRNA는 특정 기능을 수행할 수 있는 단백질 정보를 모두 담아야 하니 상대적으로 길이도 길고 합성에도 더 큰 비용이 드는데, RNA 간섭 치료제는 목적하는 mRNA에 결합해서 이를 방해하기만 하면 충분하므로 상대적으로 길이도 짧고 합성 비용도 저렴하다. 이런 짧은 길이의 유전물질들을 통칭하는 표현이 바로 올리고뉴클레오타이드이다.

이번 장에서 의약품 위탁생산 업체인 CMO가 일종의 '슈퍼 을'로 기능할 수 있음을 설명했다. CMO 업체들은 분야별로 세분되고, 규모의 경제를 달성한 소수의 CMO 업체들이 각 분야를 과점하는 방향으로 시장이 개편되기 때문이다. 에스티팜이 주력으로 삼는 올리고뉴클레오타이드 역시 세계적으로 세 곳의 업체가 과점을 유지하고 있다. 일본의 화학공업 그룹 닛토 덴코nitto denko 산하의 자회사 아베시아avecia가 1.4톤 정도의 생산 규모를 갖추고 있고, 미국의 분석기기 및 시약 제조업체인 애질런트 테크놀로지Agilent Technology, NYSE:A가 1톤, 동아제약에서 기원한 한국의 동아쏘시오그룹 산하의 에스티팜이 0.8톤 규모로 세계 3위이다. 원래 없던 종류의 의약품이다 보니 설비 규모도 작아 대규모 생산을 위해서는 세 업체 중 하나 이상은 참여해야만 물량을 맞출 수 있는 초기 과점 시장이다.

앞서 설명한 새로운 개념의 이상지질혈증 치료제 인클리시란®을 시작으로 RNA 간섭 치료제들이 연이어 개발 중인 점을 고려하여, 2020년 기준 애질런트 테크놀로지와 에스티팜은 공격적으로 설비 확충에 나서

고 있다. 애질런트는 2022년 말까지 기존 생산량의 2배를 생산할 수 있도록 시설을 확충할 계획이고, 마찬가지로 에스티팜도 2021년 말까지 기존 생산량의 2배 규모로 시설을 확충 중이다. 즉, 닛토 덴코 그룹에서 추가적인 설비 확충을 진행하지 않는다면 2022년경 애질런트는 2톤 규모로 세계 1위, 에스티팜은 1.6톤 규모로 세계 2위 업체가 되는 것이다. 시장조사 기관들이 전망하는 올리고뉴클레오타이드 시장 성장률은 연평균 12-13% 수준. 초과 수요가 발생할 것으로 기대되는 시장을 미리 선점하고 공격적으로 생산 규모를 늘리는 CMO는 시장 규모 확대의 수혜를 고스란히 누릴 가능성이 크다.

실제로 에스티팜은 2020년에만 2개의 글로벌 제약사와 500억대 위탁생산 계약을 맺었으며, 설비 확충 비용을 원청에서 지원받는 대신 생산 용량의 일부를 해당 제약사 몫으로 남겨 두는 방식의 독특한 계약까지 체결한 바 있다. 장기 전망과 안정성을 고려하는 투자자들에게는 설비를 갖추고 실제 생산을 진행하는 에스티팜 같은 CMO 업체도 눈여겨 보시길 권한다.

PART 4

신약개발사는 얼마나 돈을 버는가

바이오 투자자들 사이에선 신약을 개발하기만 하면 막대한 돈을 쓸어 담을 것이라는 환상이 많이 퍼져 있다. 기업 IR 담당자들이 그런 오해를 간접적으로 유도하기도 하고 막연히 신약개발이 큰돈이 된다는 식의 언론 보도가 많기도 했었던 터라 어쩔 수 없는 문제이긴 한데, 안타깝게도 모든 신약이 돈을 벌지는 못한다. 투자자들이 가장 유심히 봐야 하는 건 그 약이 정확히 '어떤 질환'을 노리냐는 것이다.

10

환자 규모가 절대 수익을 결정한다

국내 바이오벤처이건, 해외 바이오벤처이건 신약개발로 이슈하가 되는 곳은 투자자들의 눈길을 끌기 마련이다. 임상시험 단계를 하나씩 뛰어넘을 때마다 주가도 치솟고, 최종 허가를 앞두고는 주주들의 기대감이 극도로 높아지게 되는데, 허가 이후에는 상황이 좀 달라진다. 허가 전에야 '기대감'이나 '발전 가능성'을 이유로 나쁜 재정적 상황이 양해될 수 있었지만, 실제로 제품을 판매하기 시작하면 그간 기대감으로 쌓아 올린 주가가 드디어 매출 실적에 연동되기 때문이다.

기술이전을 통해 글로벌 제약사에 신약 후보물질을 판매하고 판매에 대한 로열티를 받건, 직접 허가를 받아 판매하건 결과는 같다. 허가 전에 투자자들이 막연히 기대했던 수준의 매출은 절대 나오지 않는다. 마케팅 부서에서 매출을 지나치게 희망적으로 봤다거나, IR팀에서 홍보를 통해 투자자들을 오도하는 것도 있겠지만, 본질적으로는 회사가 개발한 약이 타깃으로 삼는 환자 규모가 작은 것이 문제다. 좀 더 구체적으로 살펴보자.

매일 먹어야 하는 만성질환 약물의 힘

세계에서 가장 큰 매출을 올리는 약이 뭘까? 최근의 바이오의약품 열풍을 생각하고 막연히 바이오의약품이라 짐작하는 독자들이 많으시리라. 실제로 매출 상위 의약품 목록에 바이오의약품이 폭발적으로 늘어난 건 맞지만, 한 가지 유념해야 할 부분이 있다. 순위는 항상 상대적이다. 바이오의약품 강세는 성공적인 바이오의약품이 많이 개발되어서이기도 하지만 기존에 매출 상위권을 유지하던 의약품들의 특허가 만료되었기 때문이기도 하다. 특허가 만료되면 같은 성분의 다양한 제네릭이 출시되므로 '단일의약품'으로서는 매출 규모가 급격하게 감소한다. 그래서 과거 순위와 현재를 비교해 보는 작업이 중요한데, 지금으로부터 약 10년 전으로 돌아가 2010년 미국 내 의약품 매출 데이터를 한 번 살펴보자.

표 10-1 2010년 기준 미국 내 의약품 매출 상위 10위 제품

순위	제품명	분류	연매출	판매사	의약품 작용
1	Nexium	화학합성	65억 달러	Astrazeneca	역류성 식도염 치료제
2	Advair Diskus	화학합성	49억 달러	GSK	천식/COPD 치료제
3	Abilify	화학합성	46억 달러	BMS	조현병 치료제
4	Crestor	화학합성	40억 달러	Astrazeneca	고지혈증 치료제
5	Enbrel	바이오	35억 달러	Amgen	자가면역 질환 치료제
6	Remicade	바이오	33억 달러	Janssen	자가면역 질환 치료제
7	Epogen	바이오	33억 달러	Amgen	빈혈 치료제
8	Cymbalta	화학합성	32억 달러	Eli Lilly	우울증 치료제
9	Humira	바이오	31억 달러	Abbvie	자가면역 질환 치료제
10	Avastin	바이오	31억 달러	Roche	항암제

출처: IMS Health

2010년 기준 매출 상위 10개 의약품은 표 10-1과 같다. 2010년 기준 미국 시장의 의약품 총 매출은 3,157억 달러(약 353조 원). 분류상으로는 화학합성의약품이 5개, 바이오의약품이 5개이지만 매출 상위권을 차지하고 있는 것은 화학합성의약품이다. 보통은 이런 자료를 두고 신약 하나 제대로 개발하면 얼마를 벌 수 있는지 따위가 얘기되곤 하는데, 이 자료에서 진정으로 주목해야 하는 건 의약품의 작용 쪽이다. 2010년 기준 매출 상위 10위 의약품 중 빈혈 치료제인 에포젠Epogen®과 항암제인 아바스틴Avastin® 정도를 제외하면 모든 약이 만성질환을 치료하는 데 초점이 맞추어진 약이다.

만성질환은 증상 완화 혹은 수치 완화는 유도할 수 있어도 실질적으로 완치가 불가능하므로, 발병 후에는 평생 약을 복용해야 한다. 그중에서도 인구집단의 매우 많은 사람이 흔히 걸리는 질환, 가령 고지혈증이나 역류성 식도염의 경우 개별 환자에게 판매되는 가격이 그리 높지 않더라도 매우 많은 사람이 복용하기 때문에 막대한 매출을 발생시킨다. 아스트라제네카는 넥시움Nexium® 하나만으로 미국 시장에서 1년에 7조 원을 벌었다. 그렇다면 5년 뒤인 2015년에는 의약품 매출 순위가 어떻게 변했을까?

2015년 기준 미국 시장의 의약품 총 매출은 4,248억 달러(약 475조 원)로 2010년 대비 38% 정도 성장했다. 그렇지만 모든 의

표 10-2 2015년 기준 미국 내 의약품 매출 상위 10위 제품

순위	제품명	분류	연매출	판매사	의약품 작용
1	Harvoni	화학합성	143억 달러	Gilead	C형 간염 치료제
2	Humira	바이오	106억 달러	Abbvie	자가면역 질환 치료제
3	Enbrel	바이오	66억 달러	Amgen	자가면역 질환 치료제
4	Crestor	화학합성	63억 달러	Astrazeneca	고지혈증 치료제
5	Lantus SoloStar	바이오	58억 달러	Lantus	당뇨병 치료제
6	Remicade	바이오	50억 달러	Janssen	자가면역 질환 치료제
7	Advair Diskus	화학합성	47억 달러	GSK	천식/COPD 치료제
8	Abilify	화학합성	44억 달러	BMS	조현병 치료제
9	Copaxone	바이오	44억 달러	Teva	다발성 경화증 치료제
10	Januvia	화학합성	42억 달러	Merck	당뇨병 치료제

출처: IQVIA

약품이 그 과실을 누릴 수 있는 건 아니다. 2010년과 2015년 순위에 동시에 포함된 크레스토Cresto® 같은 제품의 매출을 살펴보면 2010년에 40억 달러에서 2015년에 63억 달러로 57.5% 정도 매출이 증가했다. 이는 고지혈증은 특정한 소수 인구집단에만 발생한다기보단, 전체 인구집단을 대상으로 인구가 증가할수록, 고령화가 진행될수록 지속적으로 늘어날 수밖에 없기 때문이다.

반면에 천식/COPD 치료제인 애드배어 디스커스Advair diskus®는 49억 달러에서 47억 달러로 오히려 매출이 감소했다. 천식/COPD 환자 수가 많긴 하지만 인구집단에 정비례해서 혹은 고령화에 따라 자동적으로 증가하는 질환은 아니기 때문이다. 물론 가장 두드러지는 변화는 2010년 기준 매출 1위를 달성했던 넥시움®이 특허 만료에 의해 매출이 급락했다는 점이다. 그 빈자리를 채운 것이 바이오의약품들이고, 새로 허가받은 하보니Harvoni® 정도를 제외하면 역시나 나머지 약들도 모두 만성질환을 대상으로 하고 있다. 결국 매출 규모는 환자 수에 비례하고, 투여 횟수가 많은 만성질환일수록 크다는 것이다.

따라서 신약개발사에 투자하고자 하는 투자자라면 해당 회사가 개발하고 있는 신약이 어떤 질환을 목표로 하는지, 그 질환을 앓는 환자가 몇 명인지를 반드시 확인해야 한다. 처음 들어보는 질병이라고 겁낼 필요는 없다. 구글 같은 검색 엔진에서 '질병 명칭'과 '유병률' 혹은 '환자수'라는 검색어로도 해당 정보는 쉽게 찾을 수 있고, 한글로 찾기 어려운 정보라면 '영문 질병 명칭'과 'prevalence(유병률)'로 검색하면 정보를 얻을 수 있다.

가령 2015년 자료에서 9위에 해당하는 코팍손Copaxone®은 다발성 경화증이라는 희귀질환에 대한 치료제다. '다발성 경화증' + '유병률'이라고 검색하면 쉽게 전 세계 환자 수가 250만 명 정도임을 확인할 수 있는데, 이 정도 규모의 환자 집단에서 매일 혹은 일주일에 3번씩 꾸준하게 코팍손®을 투여해야 저 정도 매출이 발생한다. 이것도 부유한 유럽-북미 지역에 많은 희귀질환이라 그렇지 개발도상국에서 높은 빈도로 발생하는 질환이라면 유병률이 높아도 매출은 미미하다. 그런데 시장 규모가 작다는 것을 명확히 인지하고 있는데도 왜 바이오벤처들은 희귀질환 치료제를 상대적으로 높은 빈도로 개발하고 있는 것일까?

희귀질환용 치료제의 두 얼굴

최근 들어 희귀질환용 치료제가 많이 개발되고 있는 데는 크게 두 가지 이유가 있다. 첫 번째는 주요 만성질환을 대상으로 하는 의약품이 기존에 다수 개발되었다는 점이다. 2020년 현재 주요 만성질환인 고혈압, 당뇨병, 고지혈증 같은 질환에 사용되는 약은 대부분 특허가 만료된 상태다. 즉, 이미 15년에서 20년 전에 해당 질환에 대한 치료제가 집중적으로 연구·개발되어서 매출을 올릴 만큼 올린 상태라는 것이다. 조금 더 범위를 넓혀 항우울제와 같은 정신질환 치료제를 살펴보더라도 사정은 비슷하다. 블록버스터급으로 분류되던 항우울제는 모두 특허가 만료되었고, 새로이 개발된 조현병 치료제 종류도 모두 특허가 끝났다. 앞에서 긴 신약개발 과정을 살펴본 독자들은 이해하시겠지만, 신약을 개발하기 위해서는 특정 질병에 대해서 새로운 발병 원인이 밝혀지고 그 원인을 치료할 수 있는 새로운 타깃이 발굴되어야만 한다. 주요 질환은 이미 발병 원인에 대한 탐구가 거의 끝난 상태고, 따라서 만들 수 있는 약도 대부분 개발되었으며, 그 약들의 특허까지 만료된 상태다.

그렇다면 남은 선택지는 발병 원인은 밝혀져 있지만 그동안 제약사들이 굳이 개발하려 하지 않던 희귀질환이나, 질병의 원인이 새롭게 밝혀진 희귀질환 혹은 유전자치료 등의 새로운 기술을 통해 범주 자체가 새로이 생긴 질환의 치료제뿐이다. 바이오 분야 투자자들이 태어나서 처음 들어보는 질환에 대한 치료제를 만드는 회사에 투자하고 있는 이유가 여기에 있다. 바이오벤처가 특별히 그 질환을 치료하는 약을 만들고 말겠다는 대단한 신념을

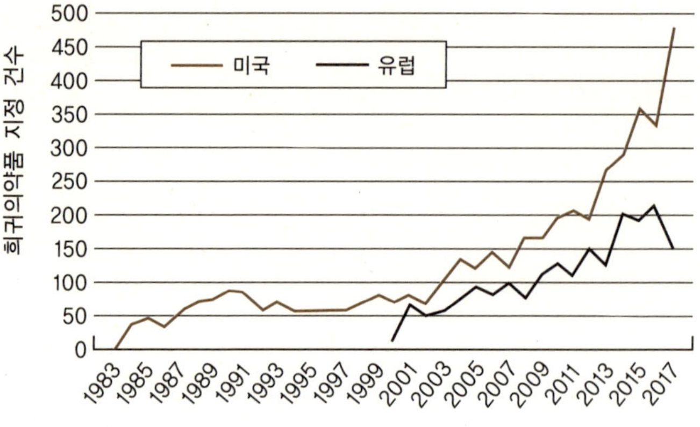

그림 10-1 연도별 희귀의약품 지정 건수

가져서라기보다는 남은 뼈에 붙은 살코기까지 발라먹으려는 절박한 이유일 가능성이 더 크다.

두 번째는 허가와 관련된 제도적인 이유 때문이다. 규제기관 혹은 국가 전체의 관점에서는 시장이 그리 크지는 않더라도 희귀질환 치료제를 개발하는 것이 꼭 필요하다. 이 책의 주된 목표가 수익 관점에 바라본 제약산업이다 보니 관련 내용은 특별히 힘주어 서술하지 않았지만, 의약품 개발의 주된 목표는 결국 아픈 환자가 약을 통해 증상을 완화하거나 질병에서 회복되기 위해서다. 자본 입장에서는 시장 규모가 작은 희귀질환 치료제를 개발하려고 굳이 고위험의 의약품 개발 과정을 감내할 이유가 전혀 없지만, 치료제가 개발되기 전까지 환자들은 약이 없어서 고통을 받는다. 따라서 희귀질환 환자들을 위해서는 이런저런 제도적 보완책을 동원해 희귀질환용 의약품이 개발되도록 하는 과정이 꼭 필요하다. 그중 하나가 미국에서 1983년에 제정된 희귀의약품법 Orphan Drug Act이다.• 해당 법률에 따라 개발 중인 의약품이 희귀의약품으로 지정이 되면, 허가받는 데 걸리는 시간과 요건을 어느 정도 완화해 주고 세금 감면을 비롯한 다양한 혜택을 받게 된다. 가장 큰 혜택은 미국 내에서 특허 기간과 무관하게 추가로 7년간의 독점판매 권한을 얻는 것이다. 시장 규모가 크지 않으니 매출 자체는 일반적인 만성질환을 대상으로 하는 약보다 낮을 수밖에 없지만, 독점판매 기간을 늘려 주는 방식으로 개발비를 보전하고 제약사가 적정 수익을 얻을 수 있도록 안배해 주는 것이다.

앞서 허가 부분을 설명하면서 해외 수출을 염두에 두고 있다면, 어쨌든 FDA에서 허가를 받는 과정이 필수적이라고 이야기했다. 애초에 희귀의약품은 단일 국가에서 판매하는 것만으로는 개발비를 맞추기도 버거우므로 희귀의약품을 개발하는 제약사들은 가급적이면 FDA에서 희귀의약품 지정을 받고자 한다. 국내 제약사도 예외는 아니라서 현재까지 약 35개의 약물 후보물질이

• 흔히 쓰이는 뜻으로 직역하면 고아 의약품이라는 이상한 명칭이 되지만, orphan은 '지원이 없는', '의지할 데가 없는' 같은 의미도 지니고 있다. 보통은 의역해서 희귀의약품이라고 표현한다.

FDA에서 희귀의약품 지정을 받았다. 애초에 치료제가 없는 희귀 질환에 대한 약을 만드는 것이므로 허가 가능성도 상대적으로 높고, 개발비도 일정 부분 보전해 주니 위험부담이 줄어든다고 할 수 있다. 그렇지만 이런 제품은 최종적으로 허가를 받더라도 수익은 그리 크지 않다는 점을 꼭 명심해야 한다. 흔히 짐작하는 '신약개발'의 기대수익은 과거 대규모 인구집단에서 높은 비율로 발생하는 만성질환을 대상으로 한 것이기 때문이다.

눈에 띄지 않는 캐시카우 진단기기

환자 규모가 곧 수익을 결정한다는 점에서 볼 때, 생각보다 투자자들의 주목을 그리 받지 못하고 있는 섹터도 존재한다. 바이오-제약 분야로 같이 묶이긴 하지만 눈에 띄는 신약개발을 하는 곳이 아니다 보니 생각보다 주목을 받지 못하고 있는 진단기기 분야이다. 앞에서 이야기했듯이 만성질환은 근본적인 치료가 어려워서 발병 이후에는 사망 전까지 꾸준히 약을 복용해야 하는 경우가 대부분이다. 그래서 전 세계 의약품 소비량의 절대다수는 이런 만성질환을 앓는 사람들에게 집중되어 있는데, 이 경우에는 장기적인 생체지표의 측정이 꼭 동반되어야 한다.

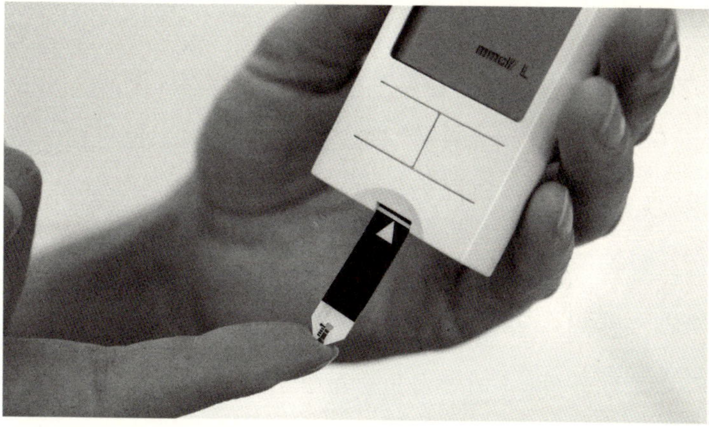

그림 10-2 가정용 혈당측정기로 혈당을 측정하는 모습

가령, 대표적인 만성질환 중 하나인 당뇨병은 혈액 중의 포도당 수치인 혈당 수치를 매일 혹은 최소 며칠에 한 번씩이라도 측정하는 절차가 반드시 필요하다. 혈당을 체크함으로써 현재의 식단에 문제가 없는지 혹은 현재 복용하고 있는 당뇨병 약이 적절한지 등을 평가할 수 있기 때문이다. 과거에는 혈당을 측정할 수 있는 장비가 소형화되지 못해서 의료기관을 직접 방문하는 것이 유일한 방법이었지만, 오늘날에는 측정기기의 소형화 덕분에 환자가 집에서도 손쉽게 혈당을 체크할 수 있게 되었다. 덕분에 관련 기업들은 당뇨병 환자 수의 증가에 따른 수혜를 직접적으로 입고 있다.

구체적인 사례를 살펴보자. 국내 혈당측정기 시장의 30%

정도를 점유해 시장점유율 1위를 유지하고 있는 아이센스 KOSDAQ:099190의 경우, 국내 매출은 2017년 292억 원에서 2019년 347억 원으로 약 18.8% 정도 성장했다. 같은 기간 국내 당뇨병 환자 수는 2017년 285만 명에서 2019년 321만 명으로 12.6% 증가했다. 당뇨병 환자 수가 늘어나면서 아이센스의 매출 규모도 이에 거의 비례해서 증가한 것이다. 당뇨병 신약은 언젠가 특허가 만료되고 제네릭에 점유율을 잠식당하지만, 진단기기는 실질적 독점 혹은 상위 몇 개 사의 과점 상황이 쉽사리 바뀌지 않는다.

비슷한 방식으로 전 인구를 대상으로 하는 진단기기도 많이 개발되고 있다. 가장 대표적인 것은 암이다. 암 대부분은 초기 단계에서 발견했을 때와 말기 단계에서 발견했을 때의 생존률 차이가 압도적으로 크고, 치료비도 크게 차이가 난다. 엄청나게 고가인 면역항암제가 각광을 받은 것도 마땅한 치료제가 없는 말기암에서도 치료 효과를 나타낼 수 있다는 점 때문이다. 하지만 암을 초기 단계에서 발견했다면 굳이 치료 효과가 확률적으로 정해지는 고가의 면역항암제를 사용할 필요가 없다. 따라서 의료비 지불 주체가 개인이든, 민영보험사이든, 공공보험이든 간에 조기 진단을 통해 암을 최대한 빨리 발견하는 것이 전체 의료비를 줄이면서도 생존률을 높이는 가장 합리적인 방법이다.

현재 세계적으로 가장 주목을 받고 있는 것은 혈액 속에 포함된 극미량의 암세포 특이적인 물질을 분석해서 암 발병 여부를 확인하는 기술인 액체생검Liquid biopsy 기술이다. 암 진단을 하려면 암세포로 의심되는 조직 일부를 떼어 내 조직검사를 진행해야 하는데, 이를 생검biopsy라고 부른다. 이를 대체-보완할 수 있는 방식으로 혈액을 채취해서 암 진단을 내리는 것이라 액체생검이라는 명칭이 붙었는데, 아직까지는 구체적으로 구현된 사례가 없다. 다만 기술 개발에 성공할 것으로 보이는 기업들이 주목받고 있는 정도인데, 미국의 유전자분석 전문업체인 일루미나illumina, NASDAQ:ILMN가 가장 대표적인 기업이다. 액체생검 기술 개발이 성공한다면 전 세계 인구집단을 대상으로 암 조기 진단을 위한 시장이 새롭게 열린다.

비정한 표현일 수는 있지만, 의약품의 시장 규모는 결국 환자 숫자이다. 환자 수에 따라 의약품의 절대 수익 한계치가 정해지고, 특허로 보장받는 독점판매 기간 동안 그 시장을 얼마나 효과적으로 공략하느냐가 의약품 매출의 본질이다. 같은 논리는 진단기기 업체에도 적용된다. 인구집단 전체 혹은 환자집단 전체를 대상으로하는 진단기기 업체들도 눈에 띄지는 않지만 환자 수에 연동되어 꾸준하게 수익을 올리고 있다.

사례노트

암 조기진단과 이그젝트 사이언스

모든 질병 치료제는 특정 질병 환자를 대상으로만 사용될 수 있다는 한계를 지닌다. 비슷하게 일반적인 진단기기 역시 특정 질환을 가진 환자를 대상으로만 사용될 수 있다는 한계가 있는데, 특정 환자 집단이 아닌 전체 인구집단을 대상으로 사용할 수 있는 진단기기도 있다. 바로 암 조기진단과 관련된 진단기기들이다. 앞에서 일반적인 암 전반을 진단하는 신기술인 액체생검을 주로 이야기했지만, 이미 구체적으로 실현된 제품도 많다. 그중 대표적인 것이 대장암 조기검진용으로 개발된 이그젝트 사이언스Exact Science, NASDAQ:EXAS 사의 검진 키트이다.

대장암 검진을 위해서는 크게 두 가지 방식이 동원된다. 첫 번째는 정확도가 가장 높은 대장내시경 방식이다. 의료진이 직접 내시경endoscopy을 항문으로 삽입하여 대장 내의 병변을 관찰하는 방법인데, 국내에서는 비용이 대략 10만 원 선으로 그렇게 비싸지 않아 대부분 이 방식을 택한다. 그렇지만 미국을 비롯한 해외에서는 대장내시경 비용이 약 3,000달러(약 335만 원)에 달하므로, 간접적인 방식으로 대장암 위험성을 판단한 다음 최종 확인을 위해서 대장내시경을 시행하는 경우가 대부분이다. 문제는 대장암을 검진하는 간접적인 방식의 정확도다.

가장 먼저 개발된 방식은 대변 내에 혈액이 포함되었는지를 확인하는 분변잠혈검사다. 대장 내에 암이 발생하면 주변 조직을 침식시키며 출혈이 발생하게 되므로, 대변 표본을 채취해서 혈액 성분이 포함되었는지를 확인하면 대장암 발생 여부를 어느 정도 가늠할 수 있다. 문제는 대변에서 혈액이 관찰되는 것이 꼭 대장암에서만 나타나는 현상이 아니라는 점이다. 혈액이 관찰됐다고 했을 때 실제로 대장암일 확률은 겨우 50% 정도 밖에 되지 않는다. 검사비는 싸도 정확도가 너무 떨어진다. 그래서 이를 내제하기 위해 '임신 테스트기' 형태의 면역화학 분변검사가 개발됐다. 임신 테스트기를 소변에 담그면 임신호르몬을 검출해서 임신 여부를 알려 주는 것처럼, 대변에 존재하는 대장암의 특이 단백질을 검출하는 테스트기를 만들었는데, 비용은 상대적으로 높아졌지만 정확도는 80% 정도로 올라갔다.

그렇지만 면역화학 분변검사도 대장암을 '조기진단' 하기에는 부족한 점이 있다. 일반적으로 암은 정상세포에서 갑자기 발생하는 것이 아니라, 정상세포가 외부 스트레스 등의 다양한 요인에 노출되어 변이되고, 그중에서 일부가 또다시 암세포로 변하는 방식으로 발생한다. 그래서 암 조직을 초기에 찾는 것도 중요하지만 그 전에 암이 될 위험이 큰 변이조직을 찾는 것도 중요한데, 변이조직은 물론 대장암 조직까지도 대략 92~94% 확률로 찾아내는 키트가 개발됐다. 이게 바로 이그젝트 사이언스에서 개발한 콜로가드Cologuard®이다. 세포 변이로 발생한 유전자 변이를 분석하는 방식이라 비용은 상대적으로 높지만 지금까지 나온 키트 중에서 정확도가 가장 높고, 거짓양성• 확률이 낮으므로 확진을 위한 대장내시경을 시행했을 때도 검사비용을 날릴 가능성이 낮다.

미국 기준으로 대상 연령은 50세 이상의 모든 성인. 이들을 대상으로 최소 3년에 한 번 정도씩은 검사를 받도록 권고하고 있는데, 미국 인구가 증가할수록 이에 비례해서 검사대상자도 증가할 수밖에 없다. 게다가 그 인구가 한 번만 검사를 받는 게 아니라 3년에 한 번 정도씩은 검사를 받게 되니 '환자 집단의 크기'에 따라 수익의 절대 규모가 결정되는 것과 동일한 논리로 시장 자체가 매우 큰 셈이다. 물론 모든 사람이 정기검진을 받지도 않을 것이고, 비용 문제로 인해 분변잠혈검사나 면역화학분변검사 같은 상대적으로 값싼 방식을 선택하는 사람도 있을 것이다. 하지만 특정 연령대 이상의 인구집단 전체를 타깃으로 잡는다는 건 웬만한 만성질환을 아득히 뛰어넘는 수준으로 절대 수익을 보장할 수 있다.

• 대장암으로 판단되었는데 실제로 검사해보니 대장암이 아닌 경우를 말한다. 반대로 대장암이 아니라고 판단했는데 실제 검사에서 대장암인 경우는 거짓음성이라고 한다.

11

신약이 항상 유리하지는 않다

10장에서 신약의 매출 규모가 시장 규모, 다시 말해 환자의 수에 절대적으로 의존함을 설명했다. 신약이 개발되면 무조건 엄청난 돈을 벌 것 같지만, 어떤 질병을 타깃으로 하느냐에 따라 매출 규모가 달라지기 때문이다. 여기에 한 가지 더 고려해야 할 부분이 있다. 환자 수가 아무리 많다고 해도 신약이 해당 환자군에서 충분한 점유율을 확보하지 못하면, 매출은 기대에 미치지 못한다. 그런데 신약은 정말 기존 약에 비해 유리할까?

물론 신약개발 과정에서 살펴본 것처럼 신약은 기존 약보다는 치료 효과가 좋을 가능성이 크다. 개발 단계에서 기존 약보다 효과가 뛰어나지 않은 신약 후보물질은 막대한 돈을 들여 계속 개발하기보다는 개발이 중단되니까 말이다. 그렇다고 신약이 항상 유리한 것은 아니다.

의사들은 쉽게 처방을 바꾸지 않는다

특정 질환에 대한 약이 전혀 개발되지 않은 상태라면, 신약은 시장에 대한 100%의 점유율을 차지하게 될 것이다. 기존에는 그 질환을 치료하는 데 사용할 약이 없었으니까 당연한 결론이다. 그런데 해당 질환을 치료하는 약이 이미 시장에 존재하고 있었다면 어떨까? 신약이 기존 약보다 효과가 뛰어나다고 하더라도 시장점유율을 100% 가져오는 것은 불가능하다. 기존 약과의 약효 차이 혹은 부작용 정도에 따라 달라지기는 하겠지만, 일반적인 만성질환 치료제라면 기존 약이 딱 하나뿐이라도 전체 시장에서 50% 이상의 점유율을 가져오는 데 아주 오랜 시간이 걸릴 것이다. 의사들은 처방을 바꾸는 데 상당히 보수적이기 때문이다. 의사들이 유독 새로운 지식 습득이 느리거나, 변화를 달갑게 여기지 않아서가 아니라 의학 자체가 수십 년 이상의 근거가 쌓여야 조금씩 바뀌는 매우 느린 학문이다.

가상의 환자 한 명을 가정해 보자. 그는 30살부터 고혈압이 생겨 A라는 약을 처방받아서 15년째 복용 중이고, 혈압이 잘 조절되는 편이다. 그런데 올해 B라는 신약이 출시됐다. B는 A보다 혈압을 조절하는 능력이 훨씬 뛰어나다는 연구결과를 통해 FDA에서 허가를 받고 국내에도 출시됐다. B를 개발한 제약사에서 영업사원이 방문해 의사에게 신약의 효능을 열심히 설명하고, 의사도 관련 내용을 숙지했다고 할 때, 다음에 환자가 방문하면 의사가 약 처방을 A에서 B로 바꿀 가능성이 얼마나 될까?

개인적인 추측이지만 높게 잡아도 30%를 넘지 않을 것이다. 해당 환자는 이미 A라는 약을 아무런 문제 없이 오랫동안 복용하고 있고, 혈압도 잘 조절되는 편이다. 그런데 B가 A보다 혈압 조절 능력이 뛰어나다고 해서 굳이 복용 중이던 약을 바꿀 필요성이 있을까? 만약 이 환자가 A를 꾸준히 복용하고 있는데도 혈압이 잘 조절되지 않아서 문제가 있었다거나, 최근 들어 혈압이 잘 조절되지 않고 있다면 시험 삼아 약을 B로 교체했을 것이다. 그게 아니라면 환자는 아마 앞으로도 계속 A를 복용할 것이다. 의사의 보수성 문제도 아니고, 약효의 차이가 작아서도 아니다. 애초에 약을 바꿀 필요를 느끼지 못해서이다. 새로 고혈압을 진단받은 환자가 있고, 약을 처음 복용하기 시작한다면 효과가 더 좋다는 연구결과도 있으니 B로 시작할 수는 있을 것이다. 그런 식으로 점유율은 아주 천천히, 조금씩 높아진다. 성능 좋은 스마트폰 신제품이 나오면 기존 스마트폰을 버리고 새 스마트폰을 사는 것처럼 쉽게 먹던 약을 바꾸지는 않는다.

이런 보수적인 처방 경향에 대해 의료계 외부에서는 의아함을 느낄 수도 있다. 기존 약물이 충분히 효과를 발휘하고 있다는 이유로 더 좋은, 새로운 약으로 교체하지 않는 게 이상하다는 것이다. 그렇지만 의사들이 새로 개발된 약의 처방에 대해 조심성을 보이는 데는 나름의 이유가 있다. 공식적인 허가 절차를 밟아 허가된 약이라고 해서 안전성이 완전히 검증된 것은 아니기 때문이다. 의약품 개발 과정을 통해 살펴봤듯이 의약품 개발 과정에서 안전성 검증은 철저히 이루어진다. 동물을 사용하는 비임상시험에서부터 시작해 사람을 대상으로 하는 임상시험을 거치고, 약효 이상으로 안전성에 무게를 싣지만 그래도 충분하지가 않은 것이다.

임상시험은 제한된 수의 환자를 대상으로 진행된다. 대규모라고 해도 몇천 명을 넘지 않고, 보통은 상대적으로 건강 수준이 좋은 환자들이 대상자이며, 약을 투여하는 기간도 그리 길지 않다. 그런데 실제로 약이 쓰이는 환경은 그렇지 않다. 이미 여러 가지 약물을 복용하고 있는 환자도 있고, 고령이거나 다른 질환을 동시에 앓는 환자도 있다. 그런 사람들이 10년, 20년 이상 해당 약을 복용해야 한다. 고작 몇천 명의 환자들을 대상으로 짧은 기간 동안 연구한 결과를 마냥 신뢰할 수는 없는 까닭이다.

드문 일이지만 실제로 FDA에서 허가를 받아 시장에서 판매하던 약 중에서 뒤늦게 심각한 부작용이 발견되어 허가가 취소되는 일이 발생한다. 2000년부터 2020년까지 총 20여 년 동안 미국 내에서 판매금지 조치를 받은 약이 27개에 달하니 결코 무시할 수 없는 수준이다. 그래서 개발된 지 오래되어 발생할 수 있는 거의 모든 부작용은 물론이고, 이에 대한 대응법까지 비교적 상세하게 밝혀진 약들은 새로운 약이 그만큼의 임상적인 근거를 쌓을 때까지 시장에서 대체되지 않는다. 약효가 얼마나 뛰어난지에 대한 것과는 별개의 문제다.

강력한 경쟁자 특허 만료 제네릭

의사들이 처방을 바꾸는 데 보수적인 것이 의약품 고유의 특징이라면, 일반적인 시장에서도 적용되는 문제도 있다. 비슷한 혹은 약간 더 나은 효과를 내는 신약이 그보다 훨씬 값싼 제네릭 제품들과 겨루어야만 하는 상황이다. 한때는 영광의 신약이었던 약도 시간이 흘러 특허권을 상실하면 같은 성분의 제네릭이 출시되고, 기존 신약이 가지고 있던 시장점유율을 여러 제네릭이 나눠 가지게 된다. 여기까지야 앞서 설명했던 제네릭의약품 관련 제도와 크게 다르지 않은데, 문제는 새로 이 시장에 진입하는 신약이다. 먼저 시장에 진입해 자리를 잡고 있는 신약들이 똑같이 특허권의 보호를 받아 비싼 가격을 형성하고 있다면 다행이지만, 시장에 먼저 진입한 약들이 특허가 만료되어 값싼 제네릭까지 충분히 많이 출시되어 있다면 신약은 비싼 약값이라는 불리한 짐을 하나 더 지게 된다. 처방 변경의 보수성으로 인해 가뜩이나 뚫기 힘든 시장인데, 가격 측면에서도 경쟁력이 떨어지는 것이다.

국내에서는 건강보험공단이 강력한 약가 협상력을 발휘하는 덕분에 오리지널 의약품과 제네럴 의약품의 약가 차이도 거의 나지 않는 수준이고, 새로 들어오는 신약의 가격도 무척 저렴한 편이라 이런 문제에서 비교적 자유롭지만 공보험 단일구조가 아닌 해외 시장, 특히나 미국에서는 약가 차이의 영향이 크다. 그렇지만 주요 만성질환 치료제가 모두 과거에 특허가 만료되었고, 현재의 시장 상황에 그대로 대입하기에는 부적절한 부분이 많아 부득이하게 한국 고혈압 신약인 카나브Kanarb®의 사례를 살펴보도록 하자.

카나브®는 2011년 보령제약KOSPI:003850에서 개발한 고혈압 신약으로, 국내 고혈압 시장에서 가장 높은 비율을 차지하고 있는 '안지오텐신 수용체 차단제ARB'라는 분류에 속하는 약이다. 같은 분류에 속하는 약이 성분 기준으로 7개 정도 있고, 가장 저용량인 카나브® 30mg 제품이 1알에 447원으로 정해져 있다. 2020년 기준 단일 제품으로는 카나브®가 가장 높은 시장점유율을 유지하고 있는데, 가장 강력한 경쟁자라고 할 수 있는 디오반Diovan®의 저용량 제품 가격은 358원이다. 카나브®는 디오반®에 대해 약효 우월성을 입증하였으므로, 앞서 설명한 전형적인 특허 만료 신약 및 제네릭과 신약이 경쟁하는 구도라고 할 수 있다. 오리지널 의약품과 제네릭 사이의 가격 차이가 그리 크지 않은 한국 시장의 특성을 고려하더라도, 디오반®의 시장점유율이 그렇게 떨어지지 않은 것을 확인할 수 있다. 디오반®은 2011년을 끝으로 특허가 만료되었고, 카나브®는 2011년 3월에 허가를 받았으므로 2012년부터 비교하면 기존 의약품이 얼마나 대체되지 않는지가 확연히 드러난다. 약값이 20%정도 차이나니 혈압을 낮추는 효과가 더 뛰어나다는 카나브®의 시장침투율이 그리 높지 않은 것이다. 미국에선 어떨까?

2020년 기준 미국에서 디오반® 오리지널 의약품은 30알이

표 11-1 2012-2016 국내 고혈압약 매출 비교

연도		2012	2013	2014	2015	2016
카나브 매출		165억	209억	251억	276억	340억
디오반 매출		320억	235억	225억	229억	232억
ARB 전체 시장 규모		2,971억	2,771억	2,596억	2,540억	2,647억
ARB 내 시장점유율	카나브	5.55%	7.54%	9.67%	10.87%	12.84%
	디오반	10.77%	8.48%	8.66%	9.02%	8.76%

출처: IQVIA

202달러 정도에 판매되고 있다. 한 알에 6.7달러 정도 되는 셈이니 원화로 환산하면 7,500원 정도가 된다. 반면에 디오반®의 제네릭은 30알이 15달러 정도에 판매되고 있다. 1알에 0.5달러 정도 되는 셈이니 환산하면 560원 정도가 된다. 국내 가격과 비슷하다. 이 정도로 가격 차이가 나니 미국 소비자의 대부분은 제네릭의약품을 선택한다. 그런데 미국 시장에서 새로 만든 신약을 판매한다면, 디오반®의 오리지널 가격에 준하는 수준의 약가가 책정되어야 한다. 30알에 15달러 정도 하는 디오반® 제네릭 제품과 아마도 30알에 200달러를 훌쩍 넘을 고혈압 신약이 경쟁한다면, 과연 시장에서는 어떤 제품이 선택될까? 디오반®을 사용해서 충분한 효과를 보지 못했거나, 새로이 고혈압약을 복용하기 시작하는 사람들이라고 해서 10배가 넘는 비용을 지불하고 신약을 고를 사람은 별로 없을 것이다.

이런 비교조차도 고혈압약은 ARB 외의 다른 분류가 존재한다는 사실을 무시했을 때나 가능한 일이다. 고혈압약은 ARB 계열 외에도 주요한 약효 분류가 세 가지나 더 있고, 각각은 ARB와 다른 방식으로 혈압을 낮춘다. 디오반®으로 효과를 보지 못했다면 아마 같은 ARB 계열의 약을 선택하기보다는 전혀 다른 방식으로 혈압을 낮추는 고혈압약을 시도해 볼 가능성이 크고, 이들 계열의 약도 모두 특허가 만료되어 저렴한 제네릭 제품이 출시되어 있다. 저렴한 대체재가 잔뜩 있는 레드오션에 진출하게 되는 것이다.

최고의 마케팅, 임상 연구

사실상 주요 의약품 시장이 기존 경쟁자로 포화된 상태에서, 새롭게 시장에 진입하는 신약이 나름의 시장점유율을 확보하기 위해서는 강력한 마케팅이 필요하다. 그렇지만 1장에서 진입장벽을 설명하면서 의약품은 마케팅 방식이 극도로 제한됨을 이야기했다. 그때는 제네릭의약품 위주로 설명하며 의약품 마케팅이 어렵다 정도로 언급하고 넘어갔는데, 새로 출시되는 신약도 마케팅이 제한되긴 마찬가지이다. 그래서 글로벌 제약사들은 현실적으로 유일한 선택지인 '임상 연구'에 막대한 돈을 쏟아붓는다. 중립적으로 보이는 연구에 돈을 투자하는 것이 어떤 점에서 시장점유율 확대에 도움이 될까?

첫 번째는 의학적 근거가 생산된다는 점 때문이다. 신약이 처음 나왔을 때는 규제기관에서 시판 허가를 받는 데 필요한 최소한의 임상시험만 진행되었을 가능성이 크다. 제한된 특허 기간 내에서 최대한 빨리 허가를 받기 위해서는 어쩔 수 없는 선택인데, 의학적 근거는 엄격하게 통제되는 환경에서 진행되는 임상시험에서만 생산되는 것이 아니다. 가령 매일 환자를 진료하는 의사는 전에 없던 특이한 환자 증상을 발견하면 증례보고case report라는 약식 논문을 발표한다. '특정한 약을 사용한 후에(인과관계를 정확히 파악하긴 힘들지만) 매우 드문 부작용이 나타났다던가', '특정한 약을 계속 사용하던 환자가 다른 약을 추가하자 갑자기 증상이 매우 호전되었다던가' 하는 현장에서 발생되는 날것의 생생한 정보들이다. 개별 환자에 대한 관찰이면 증례보고로 그치지만, 대규모 환자를 대상으로 질병의 경과나 사망률, 부작용 등을 전문 연구자들이 장기적으로 추적 관찰하여 논문을 내면 이는 훌륭한 의학적 근거가 된다. 개발된 지 얼마 안 돼서 기존에 사용되던 약에 비해서는 사용 경험이나 의학적 근거 수준이 낮은 신약의 약점을 훌륭하게 보완해 줄 수 있는 것이다.

이를 위해 글로벌 제약사들은 여러 나라에서 동시에 대규모 임상 연구를 기획하고, 막대한 연구비를 지원한다. 표면적으로는 세계 의학 연구를 위한 아름다운 기여겠지만, 실제로는 의학적 근거 획득을 통한 시장침투 전략이다. 연구비 지원이 회사 차원에서 이루어지다 보니 연구결과에 대해서도 나름의 압력이 작용한다는 비판이 있으나, 이런 방식이 싫다면 수백억 원대의 연구비를 공공 차원에서 투입해야 한다. 건강보험료나 세금 인상에 대한 반응을 보면 정부도 국민도 그리 원하지는 않는 방식이니 어쩔 수 없는 노릇이다.

두 번째는 조금 더 노골적인 이유인데, 이런 대규모 임상 연구를 수행할 수 있는 연구자가 대부분 의과대학 교수이기 때문이다. 다른 여타의 분야와는 달리 의과대학은 대부분의 교수가 실제 환자를 진료하는 임상의이다. 이들은 교수로서 의학 연구를 하면서, 실제로 대학병원을 찾는 환자에 대한 진료도 담당한다. 그래서 아무런 사심 없이 보더라도 임상 연구를 진행하기에는 더없이 적합한 직군인데, 다른 대체 인력이 있더라도 제약사가 교수들에게 연구를 맡겨야 하는 이유가 있다. 이들은 임상에서 환자를 보고, 연구도 하는 동시에 의과대학에서는 강의도 맡는다. 미래의 처방권자인 의사 교육 과정에서 절대적인 영향력을 행사할 수 있는 사람들인 것이다!

게다가 교수들은 대학병원에서 수련의(흔히 말하는 인턴, 레지던트 등)에 대한 교육과 수련도 담당하고 있다. 의과대학을 졸업하고 환자를 보는 의사로서 첫걸음을 내딛는 과정에서도 교수들의 입김이 실로 막강하다. 실제로 같은 나라에서 같은 해에 의과대학을 졸업한 의사라고 하더라도 졸업한 대학이 어느 학교인지, 수련받은 병원이 어느 병원인지에 따라 주로 처방하는 약과 처방 패턴이 달라진다. 그 근원에 의과대학 교수들이 있으므로, 이들에게 신약 연구를 수행하게 하는 것 자체가 강력한 간접 마케팅이 된다.

일반적으로 임상 연구는 개별 병원 혹은 개별 교수가 모집해야 할 환자 규모를 정하는 경우가 많은데, 이는 통계적 유의성을 확보하기 위해서이기도 하지만 결과적으로는 특정 의약품을 처방하는 환자 수를 최소한 몇 명 이상 확보하라는 조치와 별반 다르지 않다. 새로운 환자가 급격히 늘어나는 게 아니라면 기존 환자에게 신약을 권유하는 방식이 될 수밖에 없고, 이는 처방의 보수성을 적극적으로 타파하는 계기가 된다. 그 시기에 해당 교수 밑에서 수련을 받은 수련의들은 당연히 새로운 처방 방식에 적응하게 되고, 독립해서도 그 영향을 강하게 받게 된다. 교수들이 제약회사와 재정적으로 결탁했다거나, 특별히 악독해서라기보다는 이런 방식의 임상 연구가 참여자의 의지와는 무관하게 구조적으로 그렇게 짜여 있다는 뜻이다.

이게 투자랑 무슨 관련이 있냐는 의문이 드실 수도 있겠다. 종합하자면 이렇다. 원래 의사의 처방은 독자들이 생각하는 것만큼 이상으로 보수적이고 바뀌는 속도도 느리다. 한편 신약은 경제적인 측면에서 기존에 특허가 만료된 제네릭과 경쟁해야 하는 어려운 처지에 놓인다. 그래서 이를 타파하기 위해서는 많은 수의 의과대학 교수를 포함한 임상 연구를 진행해 의학적 근거를 만들고

예비 사용자들을 포섭해야 한다. 즉, 단순히 신약 허가를 받으면 끝나는 게 아니라 기존에 구축해 둔 의료계 인적네트워크를 동원하여 다양한 임상 연구를 세계적 수준에서 진행하는 과정이 추가로 필요하다.

수백억 원 대의 막대한 연구비가 드는 것은 물론이고 세계 각국의 주요 의학 연구자들과 아무런 네트워크가 없다면 이런 연구는 시도조차 할 수 없다. 이게 바로 글로벌 제약사들의 진정한 역량이다. 바꿔 말해 개발된 신약이 세계적인 블록버스터 의약품이 되기 위해서는 최소한 이 정도의 요건을 충족시키실 수 있는 제약사가 판매와 유통을 담당해야만 한다. 신약이 가지는 불리한 측면을 상쇄시기지 못하년 환자 수가 아무리 많은 질환을 목표로 개발된 약이라도 시장을 뚫지 못한다. 실제 매출은 허가 이후가 더 중요하다는 걸 꼭 명심해야 한다.

사례노트

식욕억제제 리덕틸® 그리고 노보 노디스크

이번 장에서 신약 사용에 대한 의사들의 보수성을 보고 놀라신 분들이 계실지도 모르겠다. 그렇지만 안전하다고 믿고 장기간 사용된 약 중에서도 장기간의 추적연구를 통해 위험성이 발견되어 퇴출되는 약도 계속 나오고 있다. 보통 사람들은 이런 내용을 접할 일이 드물어 막연히 공포감을 갖는다거나 아예 무지한 상태로 지내지만, 의과대학 혹은 약학대학 내의 교과과정에서는 이런 내용을 지속적으로 다루고 있다. 마냥 과도한 조심성이라고 탓할 만한 일은 아닌 것이다. 실제로 이런 방식의 의약품 퇴출로 인해 특정 의약품 시장 자체가 무너져 버린 일도 있었다. 식욕억제제 리덕틸Reductil®의 사례이다.

주요 선진국을 위주로 개개인의 영양분 섭취가 늘어나며, 비만은 현대인에게 심각한 건강상의 위협이 되고 있다. 모델과 같은 마른 체형을 선호하는 사회적 분위기가 바람직하냐는 것과는 별개로 비만은 여러 만성질환을 유발할 수 있는 주요 건강위험 중 하나이다. 그래서 비만 치료제를 개발하려는 노력도 오랫동안 이어졌는데, 상업적 성공을 거둔 것은 애보트Abbott, NYSE:ABT에서 개발해 1997년 FDA 승인을 받은 리덕틸®이 처음이다.

리덕틸®은 두 가지 방식으로 비만에 대응했다. 첫 번째는 중추신경계에 작용해서 배고픔을 덜 느끼게 해주는 것으로, 이 덕분에 비만 환자들은 평소보다 식사량을 줄일 수 있었다. 두 번째는 지방세포에 작용해 지방세포가 에너지 소모를 늘리도록 하는 것으로, 이미 쌓인 지방의 양을 감소시키고 새로 생기는 지방의 양도 줄인다. 쉽게 말해 덜 먹고 잘 빠지는, 비만 치료제로서는 탁월한 효과를 발휘하는 전략이다. 그로부터 약 10년간 리덕틸®은 비만 치료제 시장을 장악하고 실질적으로 비만 치료제 시장 자체를 지탱하는 약이었지만 곧 문제가 나타났다. 장기간의 추적 연구를 진행한 결과 리덕틸®을 복용하는 환자들에게서 뇌졸중과 심장발작 발생률이 통계적으로 유의미하게 높다고 밝혀진 것이다. 결국 FDA에서는 리덕틸®을 퇴출시키기로 결정했고, 리덕틸®이 빠져나간 비만 치료제 시장은 붕괴했다. 안전성 문제로 인해 특정 의약품 시장 자체가 증발한 것이다.

한동안 대안이 없던 비만 치료제 시장에 새로 등장한 건, 덴마크에 본사를 둔 당뇨병 치료제 전문 기업 노보 노디스크Novo Nordisk, NYSE:NVO가 개발한 삭센다Saxenda®였다. 노보 노디스크는 다른 글로벌 제약사와는 달리 당뇨병, 특히나 인슐린만 전문적으로 생산 · 개발하는 특이한 회사다. 국내에서는 펜 형태의 인슐린 주사제를 사용하는 사람이 적은 편이지만, 세계적으로 봤을 때는 인슐린 펜 주사제 사용이 무척 보편적이다. 이런 펜 형태의 주사제를 최초로 개발한 곳이자 전 세계에서 가장 높은 인슐린 점유율을 갖고 있는 곳이 노보 노디스크인데, 당뇨병 치료제로 사용되는 인슐린 유사 물질을 개발하는 과정에서 획기적인 식욕억제 효과가 있는 물질을 개발해 냈다.

인체에는 GLP-1이라는 이름의 호르몬이 분비된다. 이 호르몬은 인슐린 분비를 촉진하는 동시에 식욕을 강하게 억제한다. 다만 체내에서 빠르게 분해되어 이 자체를 의약품으로 쓸 수는 없는데, 이와 유사한 구조를 가진 오래 작용하는 단백질을 만들어 체내에 주입하면 강력한 식욕억제 효과를 낼 수 있다. 원래 인체에 있는 호르몬과 유사한 작용을 하는 것이니 안전성 문제도 적고, 회사에서 자체적으로 바이오의약품 생산 시설도 갖추고 있으니 생산에도 문제가 없었다. 곧 이 약은 세계적인 블록버스터로 자리를 잡게 됐다.

다만 한 가지 단점이 있었다. CHO 세포를 이용해서 생산되는 바이오의약품은 아니지만, 바이오의약품이다 보니 약가가 비싸고, 펜 형태의 주사기로 환자가 직접 몸에 주입해야 효과를 볼 수 있기 때문이다. 그래서 먹는 약 형태의 비만 치료제 벨빅Belviq® 같은 제품이 출시되어 시장을 분점하고 있었으나, 이 약 역시 2020년 안전성을 이유로 FDA가 자발적 회수를 권고함으로써 시장에서 사라지게 됐다. 이런 사례에서 볼 수 있듯이, 신약의 장기적 투여 안전성 증명은 결코 쉬운 일이 아니다. 리덕틸®처럼 식욕억제와 지방 분해를 동시에 진행하는 효과가 뛰어난 약이라도 안전성에 발목이 잡히면 시장에서 퇴출되고 만다. 장기적 안전성 파악을 위한 임상 연구를 통과하지 못하면 아무리 효과가 뛰어나고 복용 편의성이 높아도 안정적으로 시장을 분점할 수 없다는 걸 반드시 기억해야 한다.

12

약이 아닌 기술을 파는 플랫폼 기업

책의 마지막이다. 앞에서 얘기한 내용들은 기본적으로 신약개발에 초점이 맞춰져 있었다. 제약회사가 매출을 발생시키는 주요 수단이 신약개발인 것도 맞고, 실제로 많은 제약회사가 신약개발에만 매진하고 있지만 이와는 조금 다른 방식으로 돈을 버는 기업도 있다. 바로 플랫폼platform 기술을 개발을 주력으로 하는 플랫폼 기업들이다. 애플의 iOS나 구글의 안드로이드 같은 스마트폰 운영체제 플랫폼, 페이스북이나 인스타그램 같은 SNS 플랫폼, 국내의 카카오톡 같은 메신저 플랫폼처럼 제약업계에도 플랫폼 기술이 존재한다. 기존 의약품에 적용하여 다수의 후보물질을 도출할 수 있는 기반기술, 그러니까 개별 의약품이 아닌 여러 의약품에 범용적으로 적용할 수 있는 고유 기술이 있는 것이다.

범용적 적용이 가능한 플랫폼 기술

먼저 앞에서 살펴본 기존의 전통적인 신약개발 방식을 돌아보자. 스크리닝 과정을 통해 신약 후보물질을 찾아내고, 찾아낸 신약 후보물질은 비임상시험을 거쳐 임상시험 단계에 진입한다. 임상시험을 마치고 무사히 허가를 받으면 약을 생산해서 목표 시장에 공급하고, 이후에도 지속적인 임상 연구 등을 통해 시장점유율을 확보하는 적극적인 노력을 펼쳐야 한다. 이렇게 긴 시간과 노력을 들여 한 번 신약 후보물질을 개발하면 막대한 이윤을 얻을 수 있다. 기술이전 방식으로 신약 후보물질을 중간에 판매할 수도 있고, 직접 개발을 완료해서 허가를 받을 수도 있지만 어쨌거나 이 과정은 결국 끝나 버린다. 특허권이 소멸되면 제네릭 의약품 판매가 허용되어 시장점유율이 대폭 하락하고, 수익도 줄어든다. 그래서 회사가 지속가능하기 위해서는 후속 신약개발을 위한 파이프라인을 끊임없이 새로 만들어 내야만 하는데, 각각의 파이프라인은 기존에 성공했던 신약과 비슷한 수준의 노력이 들어간다. 이런 작업을 계속 반복해야 제약회사의 매출 규모가 유지되니 버는 만큼 재투자를 해야 한다는 한계점이 분명하다.

이를 완화하기 위해 제약회사들은 수차례의 합병을 통해 각자의 몸집을 키우는 방식으로 대응했다. 개발 중인 파이프라인이

고갈되면 시장에 내놓을 다음 제품은 없고, 매출 규모가 예년 수준으로 돌아오기까지 긴 암흑기를 견뎌야 한다. 그래서 다른 중소 제약사나 바이오벤처에서 약물 후보물질을 사 올 정도의 자금력을 확보하면서도, 최소 하나 이상은 실제 허가를 받아 매출 규모를 꾸준히 유지하려면 몸집을 불리는 것이 최선이다. 글로벌 제약사들이 현재와 같은 덩치로 커지게 된 건 우연의 결과가 아니라 생존을 위한 선택이다.

아쉽게도 중소형 제약사들은 이런 방식을 택하기가 힘들다. 기존 글로벌 제약사의 생존 방식은 자본의 고도 집중이 필수적이고, 규모에서 밀리게 되면 결국은 신규 파이프라인 확보에서 밀려나게 되어 시장에서 도태된다는 치명적인 단점이 있다. 그래서 이와는 조금 결이 다른 방식을 택한 곳이 등장하기 시작했는데, 바로 플랫폼 기술 개발에 집중하는 기업이다.

플랫폼이라는 용어의 사용례가 너무 넓어 조금 애매하긴 하지만 제약분야에서 사용하는 플랫폼 기술은 의약품 그 자체가 아닌 특정 의약품의 생산, 흡수, 전달 같은 약리작용의 외적인 측면에서 범용성이 있는 기술을 통칭한다. 가령 기존에 개발된 [A]라는 의약품이 있을 때, [A]가 몸에 더 잘 흡수되도록 개량한 [A]'라는 의약품을 개발하는 단발적인 방식이 아니라 [A]가 아닌 어떤 [의약품]이든 [의약품]' 형태로 개량할 수 있는 원천 기술을 플랫폼 기술이라고 부르는 것이다. 즉, 이런 기술을 가진 제약사는 [B]', [C]', [D]'를 계속 개량할 수 있다.

플랫폼 기술은 크게 생산과 탐색에 집중된 기술, 그리고 흡수와 전달에 관련된 기술로 나눌 수 있다. 가령 오로스OROS®라는 플랫폼 기술은 알자Alza에서 개발한 약물 흡수 플랫폼인데, 입으로 약을 삼키면 꾸준하게 일정한 속도로 흡수되도록 만든 기술이다. 특정 약물들은 체내에서 일정 농도를 꾸준히 유지하는 게 꼭 필요하다. 그렇지만 아무리 시간을 지켜서 복용하더라도 먹는 약은 흡수량이 먹는 순간에 집중되어 체내 약물 농도의 변동이 큰 편인데, 오로스® 플랫폼을 이용하면 체내 약물 농도를 매시간 거의 일정하게 유지할 수 있다. 이 플랫폼의 혜택을 가장 크게 입은 건 주의력결핍·과잉행동장애ADHD 치료제인 콘서타Concerta®로, 약 복용 시부터 꾸준하게 약효를 내는 덕분에 ADHD 환자들의 생산성이 무척 높아지게 됐다.

콘서타®만 오로스®를 사용하는 건 아니다. 고혈압 치료제 성분인 니페디핀Nifedipine은 혈압을 낮추는 효과가 뛰어났지만, 체내에서 너무 빠르게 분해되는 단점이 있었다. 그래서 여기에도 오로스® 기술을 적용했다. 한 번에 많이 흡수되서 빠르게 분해되어 사라지게 하는 대신, 조금씩 흡수되어 개별적으로 흡수된 약물들만 분해되도록 함으로써 약효를 일정하게 유지하게 한 것이다.

이런 방식으로 오로스 플랫폼을 사용하는 약이 15개가 넘게 개발됐다. 플랫폼 기술은 플랫폼에 적용할 수 있는 약물에 보편성을 갖고 있어서 한 번의 기술이전으로 끝나지 않고, 또 다른 응용이 가능하다는 점에서 기존의 의약품 개발과 큰 차이가 있다. 차례대로 플랫폼 기술들을 간략하게나마 살펴보자.

탐색과 생산을 위한 플랫폼 기술

의약품 개발 초기 단계에서 살펴봤듯, 의약품 개발에서 가장 중요한 단계 중 하나는 약물 후보물질을 찾아내는 스크리닝 과정이다. 특정 질병을 일으키는 생물학적 모델이 어느 정도 명확히 규정되면 거기에 관여하는 단백질을 찾아내고, 그 단백질에 결합해서 원하는 반응을 유도할 수 있는 약물 후보물질을 찾아야만 한다. 전통적인 방식으로는 일일이 실험적 방법을 통해 적합한 후보물질을 찾아내야 하니 시간은 물론이고 비용도 막대하게 소요되는데, 이를 컴퓨터 시뮬레이션상에서 구현시키는 스크리닝 플랫폼도 개발되어 있다. 미국에 본사를 둔 의약품 탐색 전문 기업 슈뢰딩거Schrödinger, NASDAQ:SDGR이다.

슈뢰딩거에서는 자체 개발한 소프트웨어 플랫폼 라이브디자인Livedesign®을 통해 스크리닝 과정에서 소요되는 시간을 획기적으로 줄이고, 시뮬레이션상에서 분자구조를 디자인하는 방식으로 후보물질 최적화까지 진행할 수 있도록 도와준다. 자체적으로 필요한 약물 후보물질을 찾아내서 개발하는 것도 한 가지 방법이겠지만, 이를 플랫폼 형태로 개발해 공개함으로써 약물 후보물질 탐색을 진행하는 제약회사와 바이오벤처 모두에게 판매하는 방식이 더 돈이 된다고 판단한 것이다.

탐색이 아니라 생산 측에 집중하는 곳도 있다. 앞서 소개한 삼성바이오로직스의 자체 개발 CHO 세포인 S-CHOice 역시 생산 플랫폼 기술의 일종이다. 특정한 항체의약품 생산만을 위해서가 아니라 어떤 항체의약품이든 세포주 내에 넣어서 생산할 수 있고, 항체의약품의 생산 효율 자체를 높인 것이니 범용성 있게 계

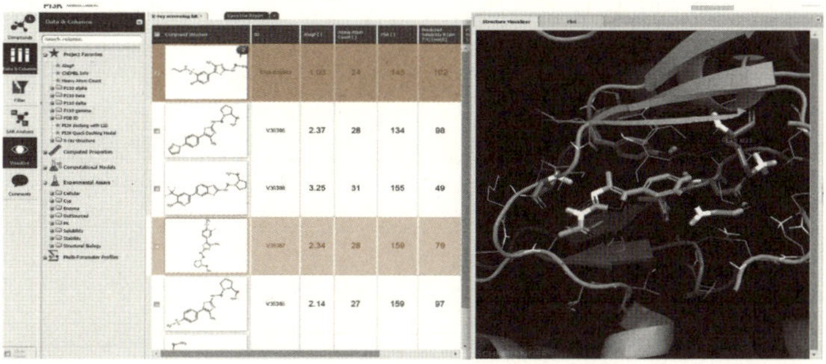

그림 12-1 라이브디자인®의 프로그램 실행 모습
왼쪽의 분자구조를 오른쪽 입체구조로 바꿔 준다.

속 사용할 수가 있다. 아직 이처럼 실용화되진 않았지만, 대장균을 이용한 바이오의약품 생산 쪽에서도 비슷한 시도들이 이어지고 있다.

앞에서 바이오의약품의 생산을 설명하며, 대장균은 인간 세포와 단백질 발현 방식이 좀 다르다는 점을 이야기 한 바 있다. 구체적으로는 인간 세포 혹은 동물 세포에서는 보편적으로 진행되는 단백질 내 이황화결합disulfide bond을 형성하지 못해 만들어진 단백질이 제대로 접히지 못하는 점이 첫 번째 문제이고, 다 만들어진 단백질에 당화glycosylation라는 후처리를 하지 못해 체내에서 '이종 단백질'로 인식되어 약효가 발휘되지 못하는 것이 두 번째 문제이며, 대장균의 세포 크기가 워낙 작아 일정 크기 이상의 단백질은 만들기가 힘들다는 게 세 번째 문제이다. 세 번째 문제야 해결할 수 없다손 치더라도, 첫 번째와 두 번째 문제는 대장균 내에 특정 유전자를 도입하는 방식으로 조금씩이나마 문제가 해결되고 있다. 이 두 가지 문제를 완벽히 해결한 대장균이 개발된다면, CHO 세포 방식의 생산을 상당 부분 대체할 수 있어 바이오의약품 전반의 비용이 낮아질 수 있다. 해당 대장균 생산 플랫폼을 최초로 개발한 기업은 막대한 부를 얻을 것이다.

전통적인 방식의 의약품이라고 해서 혁신적인 생산 플랫폼이 없는 것은 아니다. 3D 프린팅 기술의 발달로 인해 전통적인 알약,

캡슐 형태의 제품이 아닌 3D 프린터로 만들어진 의약품도 나오고 있다. 전통적인 알약은 모양은 각기 다르더라도 균일한 혼합물에 강한 압력을 가해 뭉친 것을 기본형으로 한다. 바깥에 색을 입힌 얇은 필름을 코팅하건, M&M 초콜릿처럼 두꺼운 설탕막을 코팅하건 간에 내용물은 가루를 강하게 압착한 것에 불과하다. 캡슐의 경우도 압축 과정만 없을 뿐이지, 물에 녹는 젤라틴 소재의 캡슐 내에 균일한 혼합물 가루를 넣은 것이라는 점에서 크게 다를 바는 없다. 그래서 약을 먹으면 물에 녹아 약효 성분이 우러나는 과정도 그만큼 단순하다.

그런데 3D 프린터를 이용해서 미세 입체구조를 형성하는 약을 만들면, 약물이 물에 녹는 과정도 기존과는 전혀 다르게 조절할 수 있다. 마냥 가능성의 영역에만 머무는 얘기가 아닌 것이 2015년에는 실제로 한 기업이 이를 구현해서 FDA에서 허가를 받기도 했다. 미국의 제약사 아프레시아Aprecia가 개발한 집도즈ZipDose® 플랫폼은 기존보다 훨씬 고용량의 뇌전증epilepsy• 약을 넣고도 물에 순식간에 녹을 수 있는 스프리탐Spritam®이라는 약을 개발했다. 역시나 다른 약에도 적용할 수 있는 범용 기술이다.

• 발작을 주된 증상으로 하는 중추신경계 질환으로, 옛 명칭은 간질이다.

흡수와 전달을 위한 플랫폼 기술

바이오의약품에 대한 내용에서 소개했던 바이오베터 개발 기업들은 대부분 플랫폼 기업이다. 가령 알테오젠은 하이브로자임 기술을 이용해 정맥으로만 투여하던 바이오의약품을 피부 아래에 주사할 수 있는 형태로 변환할 수 있다고 설명했다. 의료진의 개입이 필수적인 정맥주사 대신 환자 스스로 집에서 사용할 수 있도록 사용성을 높이는 것이다. 이 기술을 바탕으로 자체적인 신약개발을 하는 것도 나쁘지 않은 선택이긴 하지만 알테오젠은 다른 선택을 내렸다. 주요 글로벌 제약사에 해당 기술을 이용할 수 있는 권리를 기술이전 형태로 판매함으로써 2020년 한 해에만 총액 4조 7,000억 원 규모의 계약을 체결했다. 대부분이 마일스톤 계약으로 묶여 있어 실제로 수령한 계약금은 190억 원 수준이지만, 자체적으로 신약개발을 하지 않고 플랫폼 기술이전만으로도 이 정도 매출을 올릴 수 있는 것이다.

비슷하게 항체-약물 복합체인 ADC를 설명하며 예시로 소개했던 레고켐바이오도 플랫폼 기업이다. 레고켐바이오 역시 기술이전에 주력하는 방식으로 2020년 한 해에만 4건의 기술이전 계약을 체결했다. ADC의 특성상 항체만 갈아 끼우면 새로운 약이 되니 신약 후보물질이 아닌 기술 판매로도 막대한 수익을 얻을 수 있는 것이다. 한미약품이 개발한 의약품 작용 시간 연장 기술인 랩스커버리나 제넥신이 개발한 항체의약품 작용 시간 지속 기술 HyFC도 모두 이런 형태의 플랫폼 기술이다. 자본에 한계가 있다 보니 자체적으로 신약을 개발하기보다는 기술이전 방식을 택한 것이다.

반면에 자사가 가진 플랫폼 기술을 기술이전으로 판매하기보다는, 이를 이용해 신약개발에 전념하는 회사도 있다. 코로나19 mRNA 백신 승인으로 주목을 받은 미국 제약회사 모더나는 코로나19 백신 개발 이전에 이미 자사가 가진 mRNA 백신 플랫폼을 어느 정도 완성시켜 둔 상태였다. 이 기술을 바탕으로 고가의 개인 맞춤형 암 백신은 물론 다양한 감염성 질환을 대상으로 하는 백신 개발을 하고 있었는데, 코로나19 펜데믹pandemic 상황이 되자 자사의 기술을 활용해 코로나19 백신을 개발한 것뿐이다. 코로나19 백신 개발에 성공한 독일의 바이오앤텍도 마찬가지이며, 코로나19 백신 판매로 이들 기업이 확보한 자금은 자체적인 파이프라인 확충에 막대한 도움이 될 것이다. 이는 다시 신규 투자자 유치에도 도움이 될 것이니 코로나19가 이들 기업에게 한정해서는 매우 큰 기회를 제공한 셈이다.

앞서 소개했던 mRNA를 이용한 유전병 치료제를 개발하는 트렌슬레이트 바이오도 마찬가지로 mRNA를 이용하는 플랫폼 기업이다. 트렌슬레이트 바이오 역시 자체 개발한 플랫폼에 다른 유전자를 얹을 수 있고, 이런 범용성 덕분에 mRNA를 사용하는 신약 파이프라인은 원론적으로는 한계가 없다. 지나치게 희망적 사고라는 비판을 받아도 어쩔 수 없지만, 신약이 계속 나올 수밖에 없는 화수분 같은 기술이다.

흡수 측면에서 좀 더 현실화된 플랫폼 기술도 있다. 지금까지 언급한 약은 모두 입으로 먹거나, 주사의 형태로 몸속에 주입하는 약이었는데 실제로 현재 사용되는 약물 흡수 방법에는 몇 가지가 더 있다. 그중 가장 대표적인 게 피부에 붙이는 패치제인데, 약물 흡수 속도를 일정하게 할 수 있다는 아주 뛰어난 장점이 있음에도 패치제가 아주 보편적인 약물 투여 방법으로 사용되지 못하는 데는 나름의 이유가 있다. 약물이 피부를 통과하는 데 어려움을 겪기 때문이다.

우리 몸의 피부는 바깥쪽은 기름과 유지 성분이 많은 지용성을 띠고, 안쪽은 수분으로 인해 수용성을 띠는 이중구조이다. 그래서 기름에 잘 녹는 약물은 안쪽을 투과하지 못하고, 물에 잘 녹는 약물은 바깥쪽을 투과하지 못한다는 치명적인 단점이 있다. 이를 해결하기 위해 고안된 것이 마이크로니들Microneedle®이라는 플랫폼 기술이다. 피부의 지용성 부분을 뛰어넘을 수 있도록 미세한 바늘을 부착한 패치를 붙이자는 것이다. 이런 방식은 먹으

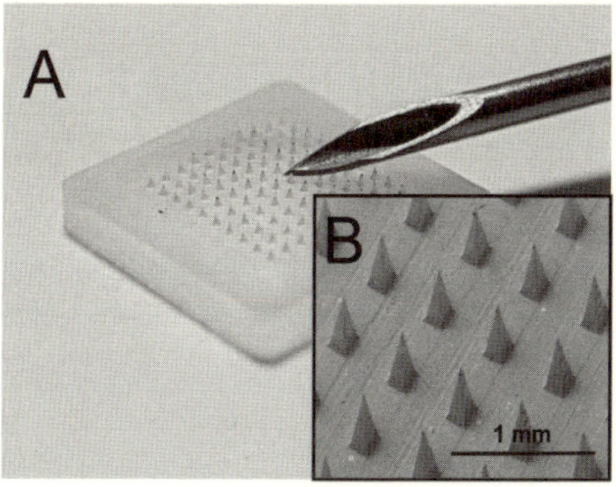

그림 12-2 마이크로니들®과 일반 주사바늘의 크기 비교
마이크로니들®의 바늘은 피부의 진피 영역까지 도달할 정도의 크기면 충분해 크기가 매우 작다.

면 분해되어 버리는 작은 단백질 성분의 약물도 효과적으로 체내에 흡수시킬 수 있다. 의료인이 혈관 내에 직접 주사하거나, 근육 아래에 주사하지 않아도 작은 단백질은 흡수시킬 수 있으니 이를 이용해서 의료진이 부족한 개발도상국에서도 사용될 수 있는 백신을 개발하려는 노력이 이루어지고 있다. 상용화된다면 이 역시 가능성이 매우 넓은 플랫폼 기술이다.

신라젠 사태 해부하기

여는 글을 신라젠 사태로 시작했으니, 닫는 글 역시 신라젠이다. 책을 모두 읽은 지금 시점에서 볼 때 과거로 돌아가 신라젠에 대한 투자 판단을 내려보는 '연습'을 한 번 진행해 보자. 신라젠은 실질적으로 펙사벡 한 가지의 파이프라인만 갖추고 있는 회사다. 여러 파이프라인을 가진 회사라면 각각의 신약 파이프라인을 나누어 분석하고, 이를 종합해야 특정 기업에 대한 분석이 가능하겠지만 신라젠은 펙사벡 하나만 분석하면 충분하니 우선 펙사벡부터 살펴보자.

펙사벡은 바이러스를 이용해 암세포를 선택적으로 죽이는 방식으로 작동하는 항암 바이러스로, 바이오의약품의 일종이다. 책의 두 번째 파트인 바이오의약품 부분을 다시 한번 떠올려 보자. 기존 화학합성의약품 대신 바이오의약품을 사용하는 이유는 바이오의약품의 표적특이성이 높기 때문이었다. 따라서 펙사벡이 기존의 화학합성 방식으로 개발된 항암제보다 뛰어나기 위해서는 표적특이성 높아야 하는데, 일반적인 투자자들이 논문을 뒤져 볼 수는 없으니 항암바이러스 계열의 다른 약이 있는지 찾아보는 게 우선이다. 항암바이러스를 이용해 개발된 약 중 FDA에서 허가를 받은 약은 암젠Amgen, NASDAQ:AMGN에서 개발해 2015년에 허가를 받은 임리직Imlygic® 딱 하나다. 그런데 임리직®은 펙사벡과 달리 종양 조직에 직접 주사하는 방식으로만 허가를 받았다. 즉, 일반적인 정맥투여 방식으로는 항암바이러스의 표적특이성에 약간의 문제가 있다는 뜻이다. 그럼에도 펙사벡은 종양 조직에 직접 주사하는 방식이 아닌 정맥주사 방식이 가능하다고 홍보를 했다. 약간 수상해 보이지 않는가?

두 번째로 살펴볼 건 펙사벡에 대한 개발 과정이다. 책의 세 번째 파트에서 살펴봤듯, 글로벌 제약사가 아닌 일반적인 바이오테크 회사들이 개발 실패의 위험을 일정 부분 헷징hedging하면서도 큰 수익을 창출할 수 있는 가장 좋은 방법은 기술이전을 하는 것이다. 계약금으로 받는 돈도 무시할 수 없는 정도의 수준이고, 개발이 진행될 때마다 받는 마일스톤 달성액은 시간이 갈수록 더 커지므로 바이오테크 회사 입장에서는 나쁠 것이 없다. 그런데 신라젠은 펙사벡을 기술이전 하지 않고 자체적으로 임상시험을 계속 진행하는 방식을 고집했다. 경영진이 이런 판단을 내린 이유를 정확히 알 수는 없으나, 외부에서 짐작하기에 가장 합리적인 이유는 '마땅히 팔 곳이 없어서'일 테다. 만성적인 신약 파이프라인 부족으로 허덕이는 글로벌 제약사가 구매하려고 하지 않는 신약 후보물질이 과연 좋은 물질일까?

세 번째는 신라젠이 진행한 임상시험 의사결정 과정이다. 신라젠이 펙사벡을 이용해서 진행한 임상 2a상은 성공했으나, 임상 2b상은 1차 임상목표를 달성하지 못해 실패하고 말았다. 만약 신라젠이 다른 신약 파이프라인을 갖고 있었다면 미련 없이 개발을 포기할 수도 있었겠지만, 가진 게 펙사벡뿐인 회사는 다른 선택지가 없다. 실질적인 신약의 유효성을 처음으로 판단하는 임상 2b상에서 1차 임상목표를 달성하지 못했다면 그 약은 효과가 없다고 봐도 무방하다. 그런데 임상 2상까지 진행했던 임상시험 방식까지 무리하게 바꾸면서 임상 3상을 진행하는 건 '못 먹어도 고'라는 반쯤 도박성 행위라고밖에 볼 수 없다. 게다가 그렇게 진행한 임상 3상은 시험이 종료될 때까지 시험 진행자도 정보를 알 수 없는 이중맹검double-blind 방식이 아닌 오픈 라벨open label 방식. 임원진들이 사전에 임상시험 실패의 기운을 감지할 수 있는 방식을 택한 게 과연 우연일까?

마지막으로 신라젠이라는 기업 자체를 살펴보자. 2020년 11월에 공시된 2020년 9월 분기보고서에 따르면 신라젠에 재직 중인 직원은 총 47명이다. 미등기임원 5인을 포함한 수치이니 실제로 실무를 진행하는 직원의 수가 42명 정도인 셈인데, 이는 개발을 진행하고 유지하기에도 빠듯한 규모다. 네 번째 파트에서 살펴봤던 것처럼 의약품은 임상시험을 비롯한 개발 과정이 전부가 아니다. 임상 3상 정도의 개발 막바지에 들어가면 FDA 허가를 받기 위한 준비가 동시에 진행되어야 하며, 이후의 마케팅 과정과 타깃 시장에 따라 어떤 나라에 어떤 방식으로 유통할지도 결정이 되어야만 한다. 첫 번째 파트에서 살펴봤듯 신약의 독점판매 기간은 특허 기간보다 훨씬 짧다. 42명으로 이 모든 작업을 임상 3상 시험과 동시에 진행한다는 게 가능할까?

기술이전에 성공했다면 조금 달라졌겠으나, 신라젠은 기술이전을 통해 글로벌 제약사가 가진 허가나 마케팅 쪽의 역량을 끌어오는 전략을 취하지도 않았다. 국내 기업 중 자체적으로 FDA 신약 허가를 받는 데 성공한 SK바이오팜은 자체적인 직원 수만 184명에 모기업인 SK그룹의 직간접적인 지원을 받을 수 있는 구조를 갖추고 있다. 이와 비교하면 신라젠이 자체적으로 글로벌 임상 3상을 마친 후 시판 허가를 받아 판매할 정도의 역량을 갖추고 있다고 보긴 힘들다.

이처럼 책에서 다룬 내용으로만 살펴보더라도 2019년 당시의 신라젠은 투자하기에 그리 적합한 종목은 아니라는 판단을 내릴 수 있다. 임상 2a상의 성공 여부나 임상 2b상 실패까지는 예측할 수 없더라도, 임상 2b상을 실패한 다음 임상 3상으로 직행하는 과정이 석연치 않다는 건 책의 내용을 잘 따라온 독자라면 충분히 이해하시리라 믿는다. 전문성을 가진 애널리스트들도 '나쁜 투자의견'을 쉽게 낼 수 없는 환경에서 변동성이 큰 바이오 관련 주식에 투자하고자 하는 사람이라면, 신약개발과 제약산업의 정형화된 틀은 최소한 숙지하고 여기에서 벗어나는 '이상 신호'를 포착하는 정도의 능력은 길러야 한다. '1차 임상목표 달성에는 실패했지만 완치된 환자가 있었다'라는 식의 황당한 말장난에는 속지 말아야 한다는 것이다. 이 책이 독자들에게 그런 식견을 갖추는 데 조금이나마 도움이 되기를 바란다. 끝으로 오늘도 누구보다 치열한 새벽을 보내고 있을 전국의 '외화벌이 전사들'이 성공적으로 투자를 마치길 희망한다.

바이오 투자의 정석

개미투자자를 위한 바이오-제약산업 입문서

1판 1쇄 펴냄 | 2021년 5월 7일
1판 2쇄 펴냄 | 2021년 6월 18일

지은이 | 박한슬
발행인 | 김병준
편 집 | 박강민
디자인 | 김희림 · 이순연
마케팅 | 정현우
발행처 | 생각의힘

등록 | 2011. 10. 27. 제406-2011-000127호
주소 | 서울시 마포구 양화로7안길 10, 2층
전화 | 02-6925-4184(편집), 02-6925-4188(영업)
팩스 | 02-6925-4182
전자우편 | tpbook1@tpbook.co.kr
홈페이지 | www.tpbook.co.kr

ISBN 979-11-90955-13-3 03320